엄마가 들려주는

이승만
건국 대통령 이야기

글 **정현채** 감수 **김효선** 디자인 **샛별디자인**

도서출판
보담

들어가는 말

'엄마가 들려주는 이승만 건국대통령 이야기'가 처음 출판된 지 5년이 되어가고 있습니다. 그동안 많은 분들의 사랑을 받아 13쇄 19,000부가 인쇄되었습니다. 최근 어느 대학 1학년 학생이 이 책을 읽고 펑펑 울었다는 이야기도 전해 들었습니다.

10년 전쯤 처음으로 우리 아이들이 배우는 역사 교과서와 초등학생 대상으로 쓰인 역사 도서들이 노골적으로 편향되었다는 사실을 알게 되었습니다. 가장 충격을 받았던 것은, 그 당시 초등 한국사 부분 베스트셀러였던 책을 읽은 한 초등 3학년 아이가 엄마에게 "우리나라는 나쁜 나라야!"라고 했다는 이야기입니다.

역사 인식이 백지에 가까운 어린이들에게 독극물과도 같은 비뚤어지고 왜곡된 역사관을 심어주는 책을 대신할, 올바른 역사관을 심어주는 책이 우리 사회에 너무나 필요했습니다. 제가 역사 전공자는 아니지만 직접 공부해서라도 내 아이에게 들려줄 수 있는 책을 써봐야겠다고 마음먹었고, 많은 전문가들의 도움을 받아 이 책을 쓰게 되었습니다.

대한민국의 정통성을 은근히 부정하고, 북한의 주체사상은 교묘하게 미화하며, 특정 대통령에 대해서 과실만을 악의적으로 기록하고 있는 역사책은 대한민국의 역사책이 아닙니다.

이 책을 통해 우리 민족이 역사상 처음으로 남녀노소 평등하고 자유로운, 안전하고 풍요로운 나라에서 살고 있다는 사실과 이것이 어디에서 출발했는지에 대한 생각을 우리 아이들이 할 수 있기를 바랍니다.

80%에 가까운 사람들이 공산주의의 실체를 몰라서 사회주의에 호의적이었던 해방 직후, 마치 미래에서 온 사람처럼 이승만 대통령은 우리 민족이 자유민주주의 체제를 선택하도록 이끌었습니다.

대한민국을 부정하는 세력들은 지난 80년 동안 끊임없이 건국대통령을 지우려 했습니다. 그리고 그 반대한민국 세력과의 치열한 체제전쟁은 아직도 현재진행형 입니다. 대한민국의 건국 역사를 제대로 공부하지 않으면 이 전쟁에서 갈피를 잡지 못하고 헤맬 수밖에 없습니다.

이 책을 처음 읽으시는 분이 계시다면, 이승만 대통령에 대한 선입견을 잠시 내려놓고 마음을 열어봐 주십시오. 곧 한반도에서 벌어진 기적과도 같은 역사를 마주하게 될 것입니다.

이 책을 위해 수고해 주신 도서출판 보담과 감수를 맡아주신 김효선 선생님, 귀한 연구 자료들을 아낌없이 제공해주신 이호 목사님, 김재동 교수님, www.이승만기념관.com 운영자님, 이승만연구원, 김샛별 대표님, 유승희님, 한경진님, 이주경님, 이재영님, 한효관님, 배성희님, 양민정님, 에스더김님, 한영복님, 김은구님, 김성원님, 저의 두 딸 그리고 저와 이 책을 위해 기도해주신 모든 분들께 특별한 감사의 마음을 전합니다.

2025년 4월, 정현채

추천사

김명섭 / 연세대 정치외교학과 교수, 이승만연구원 원장
이승만 대통령은 독립과 자유의 정신으로 대통령도 비판할 수 있는 자유로운 독립국을 물려주셨어요. 이 책을 읽고 자유로운 대한독립국의 국민으로 성장하기 바라요.

김재동 / 경인여대 겸임교수, 대한역사문화원 원장
대한민국을 나쁜 나라로 인식하고 있는 자녀 세대들에게 대한민국이 얼마나 자랑스러운 나라인지를 정확히 알려주는 기념비적인 작품이다. 초, 중, 고등학교 학생들이 읽을 만한 바른 역사책이 전무한 이 시대에 가뭄에 단비와 같은 책이 탄생한 것이다. 이승만 대통령에 대해 왜곡된 생각을 가지고 있는 자녀들에게 진실된 역사를 설명하기 위해 스토리텔링 방식의 이야기들과 다양한 사진 자료 및 삽화를 사용한 것을 보면서 엄마의 마음이 느껴졌다. 대한민국 미래의 주역이 될 자녀 세대들에게 그리고 대한민국 국민들 모두에게 기쁨으로 이 책을 추천한다.

서지문 / 고려대 영어영문학과 명예교수
'엄마가 들려주는 이승만 건국대통령 이야기'는 내가 오랫동안 '누가 이런 책을 썼으면'하고 간절히 바라던 책이다. 지각이 들기 시작하는 감수성이 여린 자녀들에게 엄마의 목소리로 들려주는 건국 대통령 이야기는 정말 흥미롭다. 이승만의 지혜와 용기와 뚝심으로 나라를 세워가고 발전시키는 길을, 국민에게 인간다운 생존의 길을 어떻게 열어 주었는지 터득하게 해 준다. 그 과정에서 역사 감각이 저절로 습득되고 국가관이 형성되게 된다. 재미와 감동을 동시에 선사하며, 어린이들의 지력을 쑥쑥 키워주는 이 책을 모든 학부모가 자녀와 함께 읽으면서 자신도 새삼 나라의 다난했으나 자랑스러운 여정을 되새기고 자녀들에게 나라의 가치를 올바로 인식하게 해 주기를 바라 마지않는다.

이인호 / 서울대 명예교수, 하버드대학교 역사학 박사
이승만 대통령과 대한민국의 건국을 주제로 하는 이 책은 머리와 손으로만 쓴 책이 아니다. 아이들이 바른 사람, 큰 인물로 자라나려면 역사를 제대로 배워야 하는데, 교과서나 책 속의 우리 역사는 인간교육에 도움이 되기보다는 오히려 비뚤어진 눈으로 세상을 보게 만든다. 이런 사실을 깨달은 현명한 엄마가 자식에 대한 지극한 사랑과 정성으로 빚어낸 놀라운 결실이 바로 이 책이다.
나는 이승만 박사를 대통령으로 모시며, 대한민국의 탄생과 발전과정을 직접 겪으며 살아 본 세대에

속한다. 더구나 명색이 역사학 교수로서 거의 평생을 지낸 사람이다. 그런데 역사학 전문가도 아닌 새 세대 어머니가 자식들에게 역사를 바로 가르치기 위해 우리 현대사를 공부하기 시작했다니 놀랍다. 아이들이 재미있게 읽으면서도 역사에 대한 정확한 이해와 감각을 얻을 수 있게 내용이 구체적이고 풍부하다. 이렇게 훌륭한 책을 써서 출판하게 된다니 놀랍고, 그 용기와 노력에 고개를 숙이지 않을 수 없다.

책의 줄거리가 엄마와 아이들 사이의 대화로 전개되므로 따라가기가 쉽고 재미있다. 사진으로 중요한 사료를 직접 소개하며, 생소하고 어려운 개념에 대한 설명도 해주고 있다. 역사란 흔히 생각하듯이 의미 없는 연대나 이름, 이해하기 어려운 용어의 나열이거나 아니면 잘 알지도 못하는 과거 인물들을 비방하기 위해 공부하는 도구가 아니다. 우리 선조들을 비롯한 세상의 모든 사람들이 보다 살기 좋은 세상을 만들기 위해 믿을만한 지도자들을 중심으로 하여 어떻게 노력하고 투쟁해 왔는가 하는 생생한 삶의 이야기다. 역사란 바로 우리 조상들의 생생한 삶의 이야기라 함을 깨닫고 따뜻한 마음으로 이해할 수 있도록 구성되어 있다는 것이 이 책의 가장 큰 장점이다.

지금 우리나라에서 가장 중요한 사회적 과제 하나가 반대한민국적으로 심히 편향되어 있는 역사교육을 바로 잡는 일이다. 정부가 외면하는 이 일을 이 땅의 진정한 주인인 평범한 시민들, 젊은 어머니들이 스스로 해내고 있다는 사실에 전문가로서는 부끄러움과 고마움, 같은 여성으로서는 자부심, 그리고 민주시민의 한 사람으로서는 우리의 미래가 다시 밝아질 것이라는 것에 대한 희망을 느낀다. 어느 역사책도 완전무결할 수는 없다. 하지만 이 책은 어린 학생들뿐 아니라 스스로가 자녀들을 제대로 가르칠 만큼 우리 역사를 충분히 이해하고 있지 못하다고 느끼며 고민하는 부모 세대에게도 자신 있게 추천할 만한 것이라고 믿는다.

이정훈 / 울산대 법학과 교수

생명과 재산을 보호해주고 삶의 터전이 되는 자기 나라를 저주하도록 가르치는 교육에 절망한 학부모들에게 단비가 되어줄 책. 특정 정치인과 정권은 추종하지만 나라를 사랑하는 방법은 몰랐던 어른들을 위한 책. 대한민국의 건국과 이승만의 업적을 아이들도 쉽게 이해할 수 있도록 학부모의 시각에서 쓴 좋은 책이다.

이호 / 전(前) 신안산대학교 겸임교수, 거룩한 대한민국 네트워크 대표

우리 역사의 밤하늘에 빛나는 가장 찬란한 별은 대한민국의 건국사(建國史)입니다. 별을 헤는 마음으로 아빠가 딸에게, 엄마가 아들에게 들려주어야 할 이야기입니다. 소중한 이야기를 담은 아름다운 책을 기쁜 마음으로 추천합니다.

전미란 / 공주대 교수, 콜럼비아대학교 영재교육학 박사

자신의 자녀가 우리나라와 사회에 꼭 필요한 사람으로 자라주기를 원하는 부모라면, 자신의 자녀가 진정 글로벌 리더가 되기를 원하는 부모라면, 이 책을 꼭 읽게 하라고 권하고 싶다. 나는 이미 성인이 되어버린 내 아이들에게도 늦게나마 이 책을 읽게 할 것이다.

김성원 / GROUND C 대표

현재 우리가 목격하고 있는, 대한민국의 정치적 분열 현상은 건국 정신을 잊은 국민들의 집단 망각증에 기인하며, 그 중심엔 국부 이승만에 대한 기억의 상실이 있다고 생각합니다. 이러한 가운데 우리 다음 세대의 기억에 이승만 이라는 반석을 놓아줄 책을 만나게 돼서 기쁩니다.

이승만 대통령의 생애와 업적에 대한 탁월한 요약, 활자에 생명력을 불어넣는 삽화, 그리고 무엇보다 자녀를 사랑하는 작가님의 마음이 가득 담긴 구어체, 이 모든 구성들이 본서의 위대한 요소들이라고 생각합니다. 나의 자녀에게 직접 국부 이승만 대통령의 이야기와 대한민국의 건국정신을 전달하고 싶은 부모님들에게 가장 권하고 싶은 책입니다.

배성희 / 엄마가 들려주는 이승만 건국 대통령 이야기 후원회 회장, 수필가

이승만 대통령의 이야기이면서 동시에 자유 대한민국의 출생의 비밀을 다정다감한 엄마의 목소리로, 때론 웃음을, 그리고 많은 감동의 눈물을 자아내도록, 한 번 잡으면 놓기 어려울 정도로 잘 풀어낸 책입니다.

이 책을 통해 왜곡되고 숨겨졌던 건국의 비밀이 모든 독자들에게 밝혀지고, 5천년 우리 민족의 역사와 세계 속에서 우리나라가 얼마나 자랑스러운 나라인지 자긍심을 가져 끝까지 지켜나가고자 하는 마음 깊은 다짐이 곳곳에서 불길처럼 일어나기를 바랍니다.

김동연 / 강원 고성 공현진초 교사

이 책을 통해 본 자유 대한민국의 건국은 기적이다. 친절한 내용 설명, 적절한 삽화 그리고 많은 사진이 증거가 되어 대한민국 건국사의 진실성을 더해준다. 우리 아이들이 이 책을 읽고 나라를 사랑하는 지도자들로 세워지기를 간절히 바란다.

김수인 / 경기 영생고 교사

엄마가 해주신 뜨개옷처럼 한 올 한 올 감은 이승만 건국 대통령의 이야기는 어느 다락방에서 먼지 쌓인 마법의 책을 열면서 시작되는 모험과 도전의 이야기처럼 우리 아이들의 잠자고 있던 심장을 뜨겁게 달구며 마음속에 울려 퍼질 것이다.

김신자 / 전남 광양중 교사
건국 이래 70년이 지나도록 대한민국 건국일이나 건국 대통령에 대한 부재 또는 부정적 시야가 만연한 지금, '엄마가 들려주는 이승만 건국 대통령 이야기'는 더 이상 미룰 수 없는 시대적 소명 앞에 객관적 실증 작업을 아이의 시각에 맞춰 쉽게 풀어 대화식으로 설명해 줌으로써 누구나 쉽게 읽을 수 있는 반가운 책이다.

김정화 / 경기 평동초 교사
우리는 점점 더 편향돼 가는 교육으로 인해 자칫 우리의 위대한 지도자를 잃을 뻔했다. 교사와 학부모, 학생이 꼭 읽어야 하는 책으로 대한민국이 얼마나 소중한지 깊이 알게 될 것이다. 왜 우리는 이승만에 대한 진실을 배우지 못하고 있었을까. 이제 이 책을 통해 교단에서 아이들에게 정확한 사실을 가르쳐줄 수 있어서 다행이다.

김태희 / 목포 대연초 교사
가슴 떨리며 이 책을 보았다. 가볍게 시작한 듯하다가 어느새 빨려 들어 우리나라를 자유 대한민국으로 이끌어 주신 보이지 않는 하나님의 손을 선명하게 보았고, 이승만을 강력하게 이끌어 주심도 선명하다. 미국보다 더 반공주의였던 이승만의 불굴의 투지와 행동하는 삶이 결국은 미국도 굴복시키고 후대를 자유롭게 했다. 너무 감사하다.

김한나 / 춘천 서상초 교사
참 혼란스러운 시대에 살고 있다. 정치도, 경제도, 역사도. 어린 시절부터 배워 온 지식에 잘못된 부분이 많다는 것을 알게 되자, 교사로서 아이들에게 무언가를 가르친다는 것이 두렵기마저 했다. 언젠가부터 지식을 받아들일 때, 그 지식이 단순한 사실에 관한 것이 아니라 판단이 필요한 지식이라면 받아들이는 것을 잠시 보류하는 습관이 생겼다. 이승만 대통령에 대한 판단도 보류 중이었다. 독재자로만 알고 있던 초대 대통령 이승만을 위대한 건국 대통령으로 받아들이는 것이 머리로는 가능했지만 마음으로는 어려웠다. 괜찮은 자료만 있다면 찾아 읽고 스스로 판단하고 싶었다.
'엄마가 들려주는 이승만 건국 대통령 이야기'는 어린이를 위한 책이지만, 나와 같은 이를 위한 책이기도 하다. 이승만이라는 역사적 인물에 대한 치우친 시선을 바로 잡고, 그의 공과를 담담히 서술하며, 있었던 사실을 역사적 맥락 속에서 판단하도록 하는 똑똑한 책이다. 귀한 책을 써 주신 작가님께 감사드린다.

김혜주 / 성남 중앙초 교사
우연히 이승만 대통령을 면밀히 알게 된 후, 앞으로 이 나라를 이끌어갈 아이들에게 대한민국 건국사를 꼭 들려주고 싶었습니다. 저의 마음을 어떻게 알고 이런 책이 만들어졌는지 정말 감사했습니다. 우리 민족에게 자유를 누리게 해준 이승만 대통령의 이야기를 읽고, 저도 모르게 흐르는 눈물을 닦으며 책을 덮었습니다. 대한민국에 대한 자부심을 느끼게 해준 이 책을 많은 부모님들과 아이들에게 추천합니다.

배민 / 서울 숭의여고 역사 교사
학생들에게 그리고 자녀들에게 보물 같은 선물이 될 역사책. 어렵고도 논쟁적인 한국 현대사의 한 부분을 이승만 대통령을 키워드로 정말 쉽게 그리고 공감할 수 있게 풀어낸, 찾아보기 힘든 귀중한 작품이다.

서수지 / 옥계초 금진분교 교사
이승만처럼 많은 오해를 받고 있는 한국 위인은 없을 것이다. 그는 생을 바쳐 대한민국을 세우고 지켰다. 이승만은 외세의 억압과 공산주의의 위협 속에서 바람 앞 촛불 같던 대한민국을 지켜낸 자랑스러운 국부이다. 나는 이 책을 읽고 난 후 그를 국부로 부르는 것이 조금도 망설여지지 않는다.

서원경 / 춘천고 교사
이 책을 펼치면 먼저 '이승만이 독립운동가였어?' 놀라게 될 것이다. 편견과 선입견 때문에 제대로 평가받지 못했던 이승만 대통령의 인생을 따라가다 보면 '왜 이런 걸 배우지 못하고 자랐을까?' 두 번 놀라게 되는 책이다.
좋은 것만 주고 싶은 엄마의 마음으로 탄생된 대한민국 건국 대통령의 이야기는 인물의 공과에 대해 지나치게 미화하거나 폄하하지 않고, 역사적 사실에 근거해 있는 그대로 풀어내고 있다. 독자에게 시대적 상황과 맥락 속에서 종합적으로 평가해줄 것을 당부하고 있는 이 책은 대한민국을 다시 보게 되는 기회를 줄 것이다.

서원혁 / 화천 사내초 교사
'오늘 우리가 숨 쉬듯 누리고 있는 자유와 풍요는 어떻게 주어졌는가?' 편견 없이 이 질문을 따라갈 수 있다면, 우리는 역사상 가장 위대한 대한민국 건국 대통령 이승만의 진짜 모습을 만나게 될 것이다. 불굴의 정신을 소유한 독립운동가, 자유민주주의 국가를 세우고 지켜내기 위해 처절하게 투쟁했고, 죽는 그 순간까지 대한민국을 사랑했던 이승만 대통령. 엄마의 목소리로 들려주는 이 가슴 벅찬 이야기는 대한민국의 아름다운 탄생과 오늘을 사는 우리 아이들을 연결시켜주는 특별한 만남이 될 것이다.

양연례 / 전남 기술과학고 교사

이 책은 대한민국을 사는 우리에게 주신 하늘의 선물이다. 이승만 대통령이 아니었다면 우리는 자유를 알지도 누리지도 못할 뻔했다. 자유는 그저 주어진 것이 아니라 누군가 생명의 값을 치른 우리의 모든 것이니 목숨 걸고 지켜야 함을 알게 되었다.

양진경 / 춘천 부안초 교사

하야 후 고국을 떠나는 날 아침, '풍년이 들어서 우리 국민이 다 배부르고 행복하게 살게 하소서'라는 이승만 대통령의 고백을 읽으며 참았던 눈물이 폭포수처럼 쏟아졌다. 내 인생 사느라 이 나라 이 민족을 지키기 위해 인생을 건 대통령에게 무관심했던 마음, 왜곡된 역사로 이렇게 위대한 대통령을 오해하며 살았던 마음을 탄복하며 뉘우친다. 다시는 우리가 종의 멍에를 메지 않기를, 이 나라에 이승만 대통령과 같은 위대한 지도자들이 세워지기를 간절히 바란다.

육진경 / 전국교육회복교사연합 대표, 서울 상도중 교사

건국 대통령에 대한 제대로 된 교육용 책이 절실하던 차에 이렇게 나오게 된 것을 너무나 기쁘게 생각합니다. 이승만 대통령을 친일파로 모는 사람들이 있는데 오히려 그 반대임을 알게 될 〈재팬 인사이드 아웃〉에 대한 설명과 독도를 우리 땅으로 편입한 평화선(이승만 라인)에 대한 꼼꼼한 설명은 건국 대통령에 대한 잘못된 선입견을 깨고 정당한 평가를 받게 하리라 생각합니다. 초등 고학년부터 중고등학생까지 포함해서 온 가족이 함께 읽어도 좋을 내용입니다. 또한 어려운 단어 뜻을 풀이하여 주어서 책을 읽다 보면 어휘력이 신장될 것이고, 중요한 개념을 간단하고 알기 쉽게 정리해 주어서 폭넓은 지식을 갖추게 될 것을 기대합니다. 인물에 대한 평전으로 손색이 없으며 짚어야 할 것들을 빠뜨리지 않고 다루어 내용이 알차게 꾸며졌습니다. 스토리텔링으로 어린이들의 눈높이에 맞추어주니 재미있게 읽게 되리라 생각합니다. 읽고 난 후에 버리는 책이 아니라 책장에 꽂아두고 여러 번 읽고 또 읽을 만한 귀한 책이 나왔습니다. 전국의 모든 초중고 학생들이 이 책을 읽고 대한민국의 건국 대통령의 진실을 알게 될 날을 기대합니다.

조윤희 / 부산 금성고 교사

'엄마가 들려주는 이승만 건국 대통령 이야기'는 사랑과 미래가 담긴 이야기입니다. 자녀를 위한 '양약'일 테니까요. 가장 오해의 소지가 많은 인물 중 한 분인 국부 이승만에 대해 오해 대신 이해를 건질 수 있는 책입니다. 책은 많아도 제대로 된 책이 없는 이 시대의 필독서입니다.

진월출 / 화천 유촌초 교사

작년에 고성에 위치한 역사안보전시관에 있는 이승만 별장을 관람했는데, 그곳에 전시된 다양한 자료를 통해 이승만 대통령의 소박하면서도 우리나라를 위해 헌신한 삶을 보면서 많은 감명을 받았다. 우리나라를 민주주의 국가로 세우기 위해 애쓴 이승만 대통령이신데 편향되고 왜곡된 역사로 청소년들에게 잘못 알려지는 것이 정말 안타까웠다. 그런데 이렇게 제대로 알려주는 책이 출판되니 너무 감사하다. 아무쪼록 이 책을 통해 이승만 대통령에 대해 제대로 알고 우리나라에 대한 자부심을 갖기를 바라는 마음이다.

황미정 / 춘천 우석초 교사
이 책은 아이들 보다 교사나 학부모들이 먼저 읽어야 할 책이다. 우리나라 근현대사가 한 눈에 보이고, 이승만 대통령에 대한 오해가 말끔히 풀린다. 우리나라에도 이렇게 위대하고 멋진 초대 대통령이 계셨다니 정말 자랑스럽고 감격이다. 대한민국의 진정한 국부, 이승만 대통령!! 이승만 대통령에 대한 역사 재평가가 속히 이뤄져 광화문 광장에 이승만 대통령 동상이 우뚝 세워지길 기대해 본다.

최인영 / 대구 OO중 교사
한 사람의 노력이 한 나라의 미래를 바꿀 수 있습니다. 대한민국의 첫걸음을 떼게 한 이승만 대통령. 그분의 삶 속으로 타임머신을 타고 가면 만날 수 있지요. 우리가 닮고 싶은 위인을 찾는다면 그 첫 번째 인물일 것입니다.

최재연 / 충북 음성여중 교감
'아니! 이런 사람이 이승만 대통령이었단 말인가?' 책을 읽으며 그의 위대한 능력과 애국심에 놀라움과 감동이 끊이질 않았고, 미국을 쥐락펴락하는 외교술로 자유대한민국을 건국하였음에 통쾌함을 느꼈다. 그동안 가려졌던 이승만 대통령은 하나님의 사람이었고, 나는 세상 누구보다 이승만 대통령을 존경하게 되었다

byb0**** / 교보문고 ★★★★★
7차 교육과정 수능에서 근현대사, 세계사 응시했던 학생이 중학교 입학을 앞둔 조카의 삼촌이 되었습니다. 교단에서 저에게 가르친 내용이 편향된 역사교육이라는 걸 깨닫는데 15년 걸렸습니다. 제 조카들은 같은 일을 반복하지 않고, 나아가 감정적인 역사관에 현혹되지 않기를 바랍니다.

outi**** / 11번가 ★★★★★
그동안 너무 왜곡되어진 건국 대통령 이승만의 공로와 업적에 대해서 정확하게 알 수 있는 유익한 책입니다. 온 가족이 함께 읽었습니다.

ippy** / 11번가 ★★★★★**
다시 한 번, 제대로 된 건국사를 읽고 아이들에게도 알려주고 싶어 주문합니다. 많은 사람이 읽으면 좋겠네요.

kam** / 알라딘 ★★★★★**
어디서도 듣도보도 못한 이승만 대통령의 업적이 잘 나와있습니다. 저희 아이는 몇 년간 다 외울 정도로 읽었습니다. 친구들에게도 선물했습니다. 대한민국에 태어난 게 자랑스럽다고 하더라구요. 어느 것이 진실인지는 보고 각자 판단하시면 좋겠네요. 역사관련 지식인들 많을텐데 모든 역사적 사실, 다들 알고도 침묵하고 계신 건 아닌지. 용기있는 어머님이 쓰신 귀한 책이라 더욱 의미있고 감동입니다.

r / 알라딘 ★★★★★**
좌파가 장악한 대한민국 출판계에 제대로 된 역사책이 나왔다. 나 또한 아이들을 키우는 엄마로서 역사책을 볼때마다 좌파에 의해 기울어진 역사의식으로 뒤엎여 있음에 어떻게 역사를 가르칠까 고민했는데 작가님이 진짜 대단하다 싶다.

심은 / 알라딘 ★★★★★**
정말 너무 좋은 책입니다. 아이들에게 올바른 역사관을 심어주고 싶었는데 어려운 책만 있어서 아이들용을 원했거든요. 초5 제 아이는 재밌게 잘 읽었어요. 지인들에게도 추천했는데 다들 극찬이십니다. 저는 더 구입해서 주변에 선물도 하려구요.

케* / 알라딘 ★★★★★
강추합니다. 이승만의 공이 과보다 더 큰데, 잘못된 정치 프레임으로 이승만의 업적을 가리고 역사마저 왜곡하는 이 나라에서 아이들을 위한 올바른 책이 나와서 너무 기쁩니다.

mus** / 알라딘 ★★★★★**
무조건 읽어야 한다는 생각에 샀습니다. 보기 쉽게 구성되어 있네요. 많은 분들이 읽었으면 좋겠어요. 정말 대단한 이승만 대통령입니다. 이런 분이 한국에 다시 나오길 소망합니다.

h** / 알라딘 ★★★★★**
읽다가 눈물이 흐르는 탓은 뭔가? 소망없던 나라가 70년도 안되어 세계에 유례없는 부강한 나라가 될 수 있었던 확실한 이유는 하늘이 대한민국에 이승만이란 인물을 선물했기 때문이다. 전 국민 필독서다. 쉽고 재미있게 쓴, 어른이 읽어도 전혀 손색없는 어린이 책이다.

킹제** / 알라딘 ★★★★★
모두가 버린 이 땅에 자유민주주의와 시장경제라는 선물을 준 대한민국 건국 대통령에 대한 어린이 책 한 권이 없어서 이제서야 한 어머니가 쓴 책이 나왔다는 사실과, 좌파 교육에 세뇌된 자들에 의해 배설된 악플을 보니 이승만 대통령이 우리에게 너무 과한 호사를 베푼 건 아닌가 의심이 들 정도다.

chrissun****** / 알라딘 ★★★★★
이승만 대통령의 공과를 잘 알 수 있었다. 국민들을 사랑하고 귀하게 여기는지 아닌지는 민초들이 가장 잘 알 수 있다. 풍전등화 속의 대한민국이 이승만의 빛나는 외교능력과 리더쉽 덕분에 살아남았음을 우리 아이들에게 얘기해줄 수 있게 되었다. 역대 다른 대통령들의 공과도 궁금해졌다.

bes****** / 알라딘 ★★★★★
이승만 대통령에 대해서 어린 시절 배웠던 것을 철썩같이 믿고 있었던 저의 무지에 놀라고, 이 나라 역사 교육의 편향됨에 놀라게 된 책입니다. 잘못된 영어교육에 대한 불만으로 엄마들이 '엄마표 영어'를 만들었다면, 이 책은 '엄마표 한국사'라고 당당히 불러도 좋을 훌륭한 책입니다.

김*영 / 알라딘 ★★★★★
아이들이 몰입해서 읽네요^^ 정말 이 시대에 대한민국, 조선시대 아닌 자유민주공화국에 꼭 필요한 책을 내줘서 고맙습니다.

in**** / 알라딘 ★★★★★
임시정부와 대한민국 초대 대통령이었던 이승만 박사에 대해 쉽게 알 수 있도록 도와주는 책입니다. 공산주의자들과 싸우며 우리나라의 자유민주주의의 기틀을 다졌던 그분의 노력이 정당하게 평가받기를 바랍니다.

bonc**** / 알라딘 ★★★★★
7-80년대 태어나 공교육을 받은 내 또래 지금의 3-40대 만큼 근현대사에 무지한 세대가 있을까 싶다. 정치에 무관심하게 살아오다가 아이가 10살 무렵, 동네 도서관 위인전 코너에 꽂혀있던 김대중, 노무현, 심지어 현직인 문재인 대통령 등의 목록을 보며 음... 이게 뭐지 싶었다. 반면 초대 대통령인 이승만에 대한 어린이 책은 정말이지 전무했다...(중략)...정말 어둡고 깜깜한 현실 속에서 밝은 빛처럼 너무너무너무 귀한 이 책을 만났다. 이 이야기를 정말이지 초중고 아이들부터 청년세대, 그리

고 나처럼 무지하고 무관심한 채 오늘을 살아가는 대한민국 모든 국민들에게 필독서로 추천하고 싶다!!!

g*****8 / 예스24 ★★★★★
좋은 책 만들어주셔서 가슴 깊이 감사드립니다. 7세 아들에게 대한민국 건국의 아버지를 어찌 가르쳐야 하나 고민이 많았습니다. 아이들이 이 책을 통해 대한민국의 올바른 역사관과 세계관을 기를 수 있을 것 같습니다. 위대한 대한민국을 다시 위대하게!

m*****4 / 예스24 ★★★★★
어릴적부터 오해가 많았던 이승만 대통령의 마음과 업적을 하나하나 읽어가면서 가슴으로 눈물을 흘렸습니다. 열 번이고 백 번이고 읽고 또 읽어 마음에 새겨두어야하는 이야기들임을 나의 모든 진심을 담아 추천합니다!

v*****c / 예스24 ★★★★★
교과서에 실린 이승만 대통령에 대한 왜곡된 역사가 마음 아팠는데, 아이들에게 역사적 사실을 바로잡아 알려줄 수 있는 좋은 책이 나와서 참 감사하고 기쁩니다. 아이들 눈높이에 맞게 잘 편집된 내용과 많은 자료 사진들로 객관적이고 사실적으로 알 수 있어서 참 마음에 들었습니다.

h***9 / 예스24 ★★★★★
이승만에 대해서 우리가 배웠던 것은 독재자였다. 우리 아들도 그렇게 배웠단다. 그런데 이 책을 읽으면서 묵직한 한 방을 맞은 느낌이다. 젊은 때의 순진함을 넘어 이제 세상을 원숙하게 볼 수 있게 된 중년의 나이에, 이제서야 이승만이 얼마나 혜안을 가진 사람이었는지를 알게해 준 책이다. 아이에게 읽히려고 샀는데, 내가 읽고 감동받았다. 하루만에 다 읽어버린 책. 아이들을 위한 책이기도 하지만, 사실은 우리 기성세대에 대한민국이 어떻게 세워진 나라인지를 알려주는 책이다. 강추한다.

s******2 / 예스24 ★★★★★
학교에서 단편적으로만 배웠던 우리나라의 국부 이승만 대통령에 대해 자세히 알 수 있어서 넘 좋았습니다...(중략)...모든 대한민국 국민이 읽어야하는 필독서라고 생각합니다. 책이 넘 좋아서 주변 사람들에게도 추천했어요.

n****i / 예스24 ★★★★★
30대인데 넘 귀한 책을 만났습니다. 한 권 사서 저도 읽고 친구도 주고 또 한 권 구입해서 다른 가정도 선물하고 또 구입 예정입니다. 컬러로 여러가지 자료가 잘 정리되어 있고, 시간의 흐름에 따라서도 잘 기술되어 있을 뿐 아니라 논란이 되는 부분들에 대해서도 잘 정리되어 있어 보기에 참 유익한 책입니다. 어머니의 노력으로 시작된 것이 이렇게 큰 결실이 되어 정말 멋집니다.

h********1 / 예스24 ★★★★★
아이를 위한 역사책이 없어 참 고민이 되었는데 마침 이 책이 나와 두말하지 않고 구매했어요...(중략)...암튼 이 책을 쭉 읽어보면 왜 초대 대통령으로 사람들이 이승만을 뽑았는지 알게 됩니다. 왼쪽에 계신 분들도 꼭 읽어보시고 비판하시길 바래요.

d**1 / 예스24 ★★★★★
저자의 머릿말을 보며 어쩜 이리도 같은 맘인지... 도서관에 있는 여러 한국사 책들과 초중등 사회 교과서를 보고 절망. 현재 역사 교육의 주류는 우리 아이들에게 피해의식과 열등감만을 키워줄 뿐입니다. 이런 책을 간절히 기다리고 기다렸습니다. 대한민국이 얼마나 큰 축복을 받은 기적의 나라인지, 아이들에게 가르쳐줄 수 있는 좋은 교재입니다. 맘 같아서는 100권 사서 학교 도서관에 기부하고 싶어요.

7*******g / 예스24 ★★★★★
대한민국의 건국에 대해 자세히 알 수 있는 책이다. 이런 책이 왜 진작에 없었을까. 이승만이라는 분을 우리는 너무 편협한 시각으로 보고 있었고 또 그렇게 가르쳐왔던 것 같다. 이승만이 없었다면 우리에게 주어지지 못했을 평화와 자유...(중략)...우리에게 이런 지도자가 있었음에 감사하게 되었다. 이 책이 널리 읽혀서 많은 청소년들이 나라에 대한 감사와 자부심을 느낄 수 있었으면 좋겠다.

t*******6 / 예스24 ★★★★★
청소년들을 대상으로 한 이승만 대통령의 책이 나와서 너무 기쁩니다. 이분을 알면 알수록 이렇게 훌륭한 분이 초대 대통령이었다는 사실에 너무나 큰 감동을 받습니다. 한 사람의 인생을 보며 이렇게 나라를 사랑하는 사람이 있다는 사실 자체가 요즘 세대에게 주는 교훈이 있습니다. 읽으면서 너무 감사하고 감동돼 눈물이 납니다. 사랑하는 자녀뿐 아니라 남녀노소 사두고 두고두고 읽어야 할 책입니다.

k*****a / 예스24 ★★★★★
인물 찬양이 아닌, 그 반대로 죽이기도 아닌, 객관적인 사실을 있는 그대로 서술한 책입니다. 우리 아이들이 읽고 스스로의 사고로 똑바로 판단할 수 있도록 도움이 되는 좋은 책입니다.

i******1 / 예스24 ★★★★★

성인부터 초등생까지 우리나라의 시작을 알려면 이승만 대통령을 알아야 한다고 봅니다. 아이들 눈높이에 맞게 내용도 좋고 쉽습니다. 혼란을 가중시키는 학교 교과서에서 벗어나 제대로 된 근현대사를 알기 원하는 분께 강추합니다.

x**********x / 예스24 ★★★★★

철저히 국민 중심의 이승만 대통령을 읽기 쉽고 자세하고 정확하게 써주셔서 감사합니다. 이런 책 많이 만들어주세요! 책 안의 구성도 글자가 큼직큼직하니 읽기 쉽게 되어 있고, 사진들도 가독성이 좋습니다.

s*******2 / 예스24 ★★★★★

나는 지금까지 학교에서 선생님들이 거짓말로 가르친 탓에 이승만 대통령을 오해하고 살아왔다. 그런데 이 책은 그런 오해를 풀어주고 이승만 대통령이 이 나라와 국민을 위해 얼마나 헌신하고 평생을 바쳤는지 잘 알게 해주는 정말 아이들이 읽기에 좋은 책이고 어른이 읽어도 매우 좋을 책이다.

j******6 / 예스24 ★★★★★

딸 아이 둘 가진 30대 아빠로서 느낀 점은 편향된 역사 교육 속에서 한 줄기 단비와도 같은 좋은 책이라는 것입니다. 자녀들에게 좋은 교육이 될 것 같습니다.

y****9 / 예스24 ★★★★★

대한민국이 세워지기까지 그 근간과 기초가 어떻게 놓였는지 잘 이해할 수 있는 좋은 책이다. 어린이들뿐 아니라 어른들이 읽어도 흥미진진한 책이다. 이 책을 읽고 우리 근현대사의 줄기를 잘 이해할 수 있었다. 자라나는 어린이들과 청소년들이 읽고 우리나라의 근현대사 줄기를 잘 이해하고 대한민국의 건국 과정과 정신을 이해하고 자긍심을 가지게 될 좋은 책이라고 생각한다.

i*******r / 예스24 ★★★★★

제가 찾던 책입니다. 최고입니다. 교과서와 학습도서들까지 특정 세력에 편향되어버려 건국일과 초대 대통령을 가르치지 않고, 이승만 대통령 하면 무조건 욕하도록 세뇌시켜버린 현 교육입니다. 우리나라를 사랑하는 마음으로 아이가 크길 원한다면 꼭 보시기 바랍니다.

목 차

들어가는 말	2
추천사	4
등장인물 / 이 책을 더 재미있게 읽는 방법	18
퀴즈, 복면 인물왕!	20

1. 청년 이승만

1) 19세기 조선	28
2) 배재학당에서 영어와 자유민주주의를 배우다	34
3) 언론인과 연설가로서의 이승만	39
4) 인생을 바꾼 한성감옥	47
5) 기적 같은 출옥 그리고 미국 유학	61
6) 나라 되찾는 것이 우선임을 절실히 깨닫다	69

2. 독립운동가 이승만

1) 하와이에서의 활동	76
2) 3·1 운동과 임시정부	82
3) 외교를 통한 독립운동	89
4) 태평양전쟁을 예견한 책, '재팬 인사이드 아웃'	100
5) 카이로 선언과 8·15 해방	103

3. 대한민국 건국 대통령 이승만

1) 공산국가가 될 위기에서 대한민국을 건져내다	110
2) 5·10 자유 총선거와 헌법을 만든 제헌 국회	122
3) 대한민국 건국	129
4) 국가보안법 그리고 친일파 논란	134
5) 진정한 자유와 평등의 시작, 농지개혁과 교육개혁	142

4. 전쟁에서 나라를 지킨 이승만

1) 6·25 전쟁, 기적적으로 살아남은 대한민국　　158
2) 전쟁 초기 이승만에 대한 오해와 진실　　163
3) 전 세계를 놀라게 한 반공 포로 석방　　182
4) 우리에게 일방적으로 유리한 한미상호방위조약　　190
5) 대한민국을 도운 이승만의 친구들　　201

5. 미래를 내다본 이승만

1) 한미동맹, 후세에 남긴 값진 선물　　212
2) 미국인을 열광시킨 이승만　　216
3) 자원 없는 전쟁 폐허에서 시작한 원자력 발전　　220
4) 나무 없는 민둥산을 푸르른 산으로　　229
5) 이승만 라인(평화선)으로 영해와 독도를 지켜내다　　233

6. 자유민주 체제를 수호한 이승만

1) '사사오입 개헌'으로 탄생한 자유 시장 경제 체제　　240
2) 3·15 부정선거와 4·19 혁명　　244
3) "국민이 원한다면 내려와야지"　　248
4) 하와이에서 고국을 그리워하며 영원한 안식에 들다　　253

부록

이승만의 영혼의 동반자, 프란체스카 도너 리　　268
이승만에 대한 평가들　　272
이념과 사상 개념정리　　283
이승만 연보　　296
참고자료 / 사진 출처　　306

등장 인물

한 솔

초등학교 6학년.
책을 좋아하며
마음이 여리지만
옳고 그름을 정확하게
알고자 한다

엄 마

한솔과 한결의 엄마.
아이들에게
나라에 대한 자부심과
올바른 역사관을
심어주고자 한다

한 결

초등학교 4학년.
활발하고 씩씩하며
궁금한 것은
꼭 알고 넘어가는
성격이다

안냥!
나는 고양이 세상
최고 대학인 야옹대학
역사학과를 졸업한
초 엘리트 고양이로

인간 세상 아이들이
역사를 더 잘 알 수 있도록
도와주라는 특명을 받고
한솔이 한결이네
집으로 왔다냥!

내가 인간의 말을
할 수 있는 건 비밀이다옹!
우리끼리의 비밀로
인간 세상에서 활동할
내 이름을 지어달라냥!

한솔, 한결과
함께 하는 고양이로
가족들에게는
비밀이지만 사람의
말을 할 수 있다.

← 고양이의
이름을 지어
주세요!

얘들아~ 엄마랑 '복면 인물왕' 놀이 한번 해 볼래? 엄마

 한솔 '복면 가왕'은 아는데! 그건 뭐예요?

'복면 가왕'이랑 비슷한 거야.
누군지는 밝히지 않고, 우리에게 잘 알려진
인물에 대한 기록의 일부를 읽어줄 거야
그 내용을 잘 듣고 누군지 맞춰보는 거지 엄마

 한결 우와! 저 할래요!!

좋아. 그럼 시작한다 엄마

[문제 1]
그는 자신의 정책에 반대하는 수백 개의 신문을 없애 버리고, 국가의 뜻에 반대하는 사람들은 체포하도록 허용하여 모두 군사 재판을 받게 하였다. 그래서 통치 기간 중 1만 3천여 명에 이르는 사람들을 영장 없이 군교도소에 투옥했다.

한솔: 독재자 중 한 사람일 것 같은데요? 음..히틀러?

한결: 김일성!!

엄마: 땡! 너희가 알면 아마 깜짝 놀랄걸?

바로~ 미국의 제16대 대통령인 '아브라함 링컨'이란다

한결: 에이~ 설마요

저도 위인전을 읽어서 아는데, 그분은 노예 해방을 이룬 훌륭한 분이잖아요?

한솔: 맞아요. '국민에 의한, 국민을 위한, 국민의 정부'라는 역사적인 말을 남긴 민주주의의 아버지 같은 분이요!

엄마: 맞아. 그런데 당시에는 최선이었겠지만 오늘날의 눈으로 보면 독재로 보일 수 있는 선택을 했었어

한결: 저도 잘할 때가 있고, 못할 때도 있는 것처럼 말이죠?

엄마: 그렇지. 그런데 링컨의 업적은 모두 무시한 채, 독재자로만 평가했다면 어땠을까?

한결: 우리가 아는 지금의 링컨은 없었겠죠

한솔: 그렇다면 링컨을 존경하고, 본받아서 꿈을 키워 온 아이들도 없었겠네요

엄마
그래서 역사적 인물을 평가할 때는 '잘한 것은 잘한 대로, 잘못한 것은 잘못한 대로' 정확히 보고, 종합적으로 판단하는 게 좋아

 한솔
'복면 가왕'에서도 복면을 쓰고 나오니까 어떤 편견도 없이 그 사람의 노래 실력으로만 순수하게 평가를 받는 것처럼 말이죠?

 한결
와~ 우리 누나 짱인데?!

그러게^^ 자~ 그럼 다음 문제! 엄마

[문제 2]
대다수의 국민이 글을 읽지 못할 때, 교육개혁을 실행하여 13년 만에 **문맹률**을 4%대까지 낮추었고 농지개혁을 실행해 수천 년간 이어져 온 신분제도를 없앴으며, 우리나라 경제가 발전할 수 있도록 했다. 또 일본이 그토록 빼앗고 싶어 기회만 엿보던 독도를 지키기 위해, 독도를 포함한 우리 **영해**에 '평화선'을 그어 실제 효력이 있게 지배했다.

문맹률
(文盲率)
배우지 못하여 글을 읽거나 쓸 줄 모르는 사람의 비율

영해
(領海)
영토에 인접한 바다 위의 일정한 구역으로 그 나라의 통치권이 미치는 범위

 한결
음... 세종대왕? 이순신? 아.. 모르겠어요

 한솔
아냐~ 그 분들은 너무 과거잖아~ 음...음...

엄마: 누군지 알면 이번에도 깜짝 놀랄 걸?

 한결: 궁금해요~ 누군데요?

 엄마: 바로 이승만 대통령이란다

 한솔: 네? 진짜요? 학교에서 독재자로 배운 것 같은데…

 한결: 맞아요!

 엄마: 엄마도 얼마 전 까지 그랬어

 한솔: 그런데 우리는 왜 이런 사실을 전혀 몰랐을까요?

 한결: 이승만 대통령은 그냥 무조건 나쁜 사람인 줄 알았어요

 한솔: 맞아요. 그러고 보니 그분이 무슨 일을 했는지 아는게 하나도 없네요

무조건 믿는 것 보다 직접 알아보는 것이 중요하다냥!

 엄마

그래서 너희들이 우리나라 역사를 제대로 공부했으면 좋겠어. 편견을 버리고 다양한 각도로 알아가다 보면 그동안 보지 못했던 것들이 보일 테니까 말이야

 한결

엄마~ 저 역사를 정확히 알고 싶어졌어요

 한솔

저도요.
잘한 것도, 잘못한 것도 다 알고 싶어요!

 엄마

먼저, 우리가 살고 있는 대한민국의 건국 대통령인 이승만부터 공부해볼까? 엄마는 이승만이란 사람의 인생 전체를 들려주고 싶구나

평가는 너희들의 몫이야.
역사 인물을 평가할 때, 주의점은 알고 있지?

 한결

시대적 상황과 맥락 속에서!

 한솔

종합적으로!

1

청년 이승만

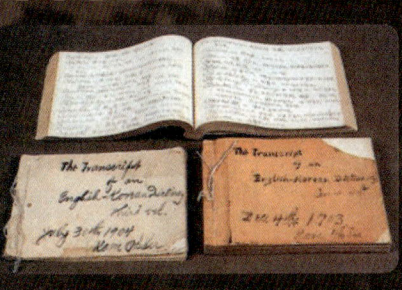

19세기 한양
19세기 조선의 수도 한양의 숭례문 모습이야.

19세기 조선

> **워털루 전투**
> **(Battle of Waterloo)**
> 1815년 6월 재집권한 나폴레옹 1세가 이끄는 프랑스군이 벨기에의 워털루에서 영국, 프로이센 연합군을 상대로 벌인 전투. 프랑스군의 패배로 결국 나폴레옹 1세의 지배가 끝나게 되었음
>
> **패권 국가**
> **(霸權國家)**
> 국제 사회에서 다른 국가를 압도하는 힘을 가진 국가를 가리키는 말. 16세기에는 스페인, 17세기에는 네덜란드, 18~19세기에는 영국, 20세기에는 미국 등을 예로 들 수 있음

이승만에 대해 본격적으로 이야기하기 전에 먼저 19세기 조선의 상황을 알려줄게. 그 당시 조선은 여러 가지로 혼란스럽고 절망적인 시기였어. 우리는 이 시대를 세계사적인 관점으로 돌아볼 필요가 있단다. 주변 국가들의 움직임에 따라 조선이 큰 영향을 받았기 때문이야.

유럽 전체를 정복하고자 했던 프랑스의 나폴레옹이 1815년 워털루 전투에서 패하면서 영국이라는 새로운 강자가 나타났어. 영국은 산업 혁명을 통해 빠르게 성장하며 전 세계를 식민지로 삼았지. 그렇게 '해가 지지 않는 나라'로 불리며 강대국, 즉 패권 국가가 됐단다.

한편 러시아는 전 지역이 매우 춥기 때문에, 해상 무역을 하

기 위해서는 얼지 않는 항구가 필요했어. 그래서 자꾸 따뜻한 남쪽 지역으로 내려오려고 했지. 그러니 무역으로 힘을 키우기 위해 바다 위의 뱃길 확보가 중요했던 영국은 필사적으로 러시아의 남하를 막으려 했어. 이 두 나라는 세계 최강자의 자리를 놓고 19세기 내내 패권 경쟁을 벌였는데 이것을 '그레이트 게임(The Great Game)'이라고 한단다.

러시아가 연해주 지역을 차지하고 한반도와 국경선이 맞닿게 되면서, 조선은 원하든 원치 않든 그레이트 게임이라는 거대한 소용돌이에 휩쓸리게 됐어. 러시아가 봤을 때, 조선에는 자신들이 애타게 찾아다니던 항구가 줄줄이 있으니 조선으로 밀고 내려올 수밖에 없었지.

남하 (南下)
남쪽으로 내려감

 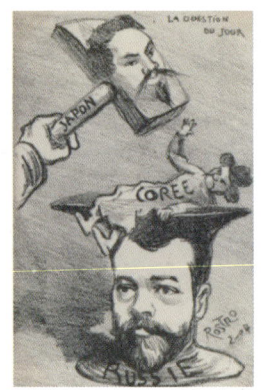 

당시 서양 언론에 보도된 조선과 세계 정세에 관한 만평

그 무렵인 1863년, 12살 어린 나이에 왕 위에 오른 고종은 경험이나 지식이 부족했고, 자연스럽게 아버지인 흥선대원군이 권력을 잡게 됐어. 흥선대원군은 밀려 들어오는 서양 세력에 강한 반발을 일으키며 쇄국 정책을 펼쳤지. 일본과 중국은 서양의 개항 요구에 응답하며 근대화의 길로 나아갔지만 중국 중심의 사대주의와 유교 질서를 중요시하던 조선 지도층은 외국과의 무역을 금지하는 등 서양의 근대 문명을 받아들이려 하지 않았어. 그러다 보니 세계가 어떻게 돌아가는지 알기 어려웠지. 하지만 시간이 지날 수록 근대식 무기로 무장한 강대국들의 군사적 압박을 당해낼 재간이 없었단다.

고종 황제
조선 제26대 국왕이자 대한제국의 초대 황제인 고종의 사진이란다.

쇄국정책 (鎖國政策)
다른 나라와 관계를 맺지 않고 문호를 닫아 서로 통상하지 않는 정책으로 조선 흥선대원군 집권기에 문호를 닫고 서양과 통상하지 않았던 대외정책

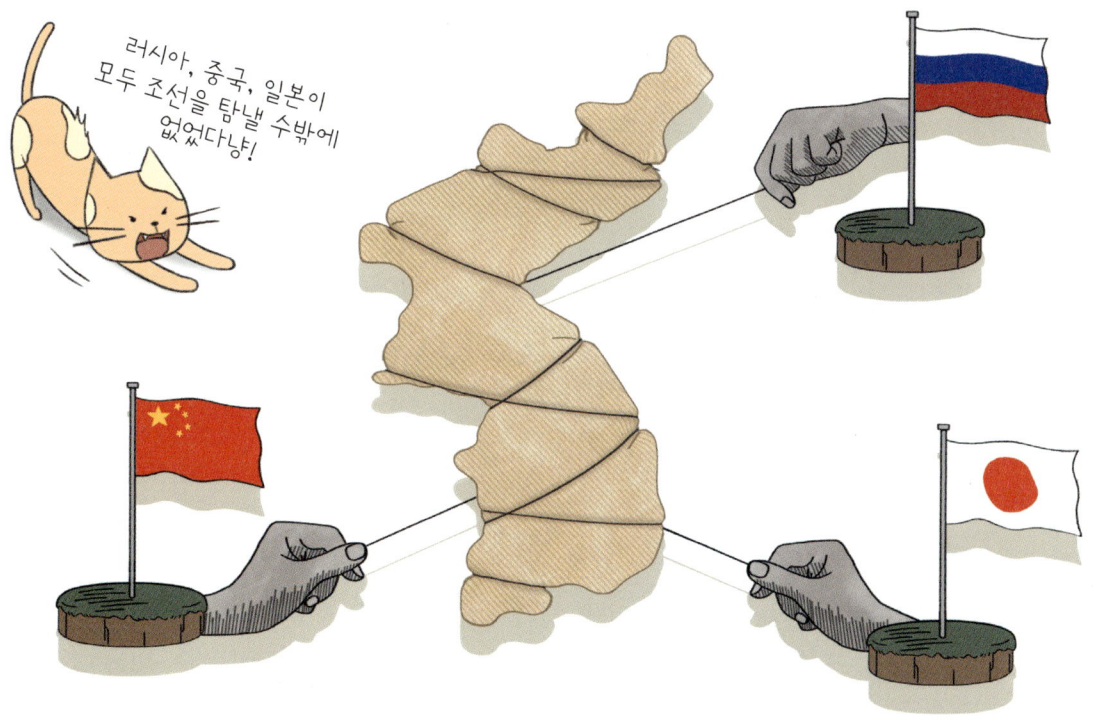

그런 가운데 고종과 민비가 러시아를 한반도로 끌어들이니, 영국은 일본을 앞세워 조선을 더 거칠게 압박할 수밖에 없었지. 지리적으로 한반도는, 러시아에겐 따뜻한 항구를 가진 나라였고 중국에게는 남부와 북부를 연결하는 바다 위의 뱃길이었으며, 대륙 진출을 꿈꾸는 일본으로서는 한반도가 다른 나라에 넘어가면 자신들의 안보를 위협받는 상황이었어. 그렇기에 조선은 러시아, 중국, 일본 세 나라 모두에게 꼭 차지해야만 하는 매우 중요한 지역이었단다.

결국 1876년, 조선은 일본과 강화도 조약을 맺게 되었고 주변국 가운데 가장 늦게 개항하며 국제 질서 안으로 들어가게 됐어. 이승만이 태어난 이듬해의 일이었지.

이듬해
바로 다음 해

가난에 찌든 조선 말기 백성들 모습
1885년, 거문도 서도 대장간 주변에서 촬영된 사진이야

나라 안팎으로 거센 풍파가 이는 동안 백성들은 큰 고통을 겪어야 했어. 세도정치로 관직을 사고파는 일이 많아지고, 삼정의 문란으로 부정부패가 심해졌지. 고종실록에는 당시 관료들에게 월급을 못 주고 있다고 기록되어 있는데, 그런 상황이니 관리들은 백성을 약탈할 수밖에 없었어. 백성은 착취와 굶주림에 시달렸고, 살아남기 위해 농민들은 반란을 일으켰지. 또 극심한 남존여비 사상으로 인해 여성들은 이름조차 가질 수 없었고, 19세기 조선 남성의 기대수명이 23살 안팎이었다는 연구 보고가 있을 정도였지. 또 비위생적인 환경으로 전염병이 반복되었고 사기, 향락, 도박, 미신, 도둑질, 거짓말, 노동 천시 등 모든 부도덕함이 만연한 절망적인 시대였단다.

세도정치(勢道政治)
왕실의 친인척이나 신하가 강력한 권력을 잡고 온갖 나랏일을 마음대로 하는 정치

삼정의 문란
조선 말기 국가 재정을 이루는 3종류의 세금인 삼정의 부패와 타락을 말함. 삼정은 세금 수입의 대다수를 차지하는 전정(토지세), 군정(군포 징수제도), 환곡(구호제도)을 말함

남존여비(男尊女卑)
사회적 지위나 권리에 있어 남자를 여자보다 우대하고 존중하는 일

> 만약 조선 지도층이 일찌감치 근대 문물을 받아들여 나라의 힘을 키우고, 국제 질서에 순응하여 지혜롭게 대응했다면 일본에게 나라를 빼앗기는 비극을 피할 수 있지 않았을까?

이승만의 청년 시절
1893년 배재학당에 입학하기 전 아버지 이경선과 18세 이승만이 함께 찍은 사진이야.

이제 본격적으로 이승만에 대해 알아보자냥!

배재학당에서 영어와 자유민주주의를 배우다

장원
(壯元)
글을 제일 잘 지어 성적이 첫째인 사람

과거
(科擧)
우리나라와 중국에서 관리를 뽑을 때 실시하던 시험

갑오개혁
(甲午改革)
또는 갑오경장, 고종 때인 1894.7-1896.2 사이에 있었던 개혁 운동. 3차례의 개혁을 통해 옛 문물제도를 근대식으로 고치는 등 정치·경제·사회 전반에 걸쳐 혁신을 단행

이승만은 1875년 황해도 평산군 마산면에서 양녕대군의 16대손으로 태어났단다. 6살이라는 어린 나이에 천자문을 모두 외웠고, '도강'이라는 종합시험에서는 장원을 자주 할 정도로 똑똑했지. 그런데 13살부터 응시했던 과거 시험에서는 매번 떨어졌어. 그래도 포기하지 않고 계속 도전했지. 그런데 이승만이 19살이 되던 해, 갑오개혁으로 인해 과거제도 자체가 없어진 거야. 출세하는 길은 과거 시험에 붙는 것밖에 없다고 생각했던 이승만은 삶의 목표를 잃게 됐지.

앞길이 막혀 좌절하고 있을 때, 친한 친구였던 신긍우, 신흥우 형제가 찾아와 배재학당에 입학할 것을 권유했어.

 그런데 이승만은 거절했지. 유교사상이 강했던 시절이라 서양식 교육을 받는 것이 싫었기 때문이야.

 하지만 이승만은 새로운 선택이 필요했고, 친구들의 끈질긴 설득에 못 이겨 결국 배재학당에 입학하게 돼. 이 자그마한 사건이 그의 인생을 바꿔놓고, 대한민국의 운명을 바꾸는 엄청난 계기가 될 것이라고는 누구도 상상하지 못했단다.

배재학당은 어떤 곳일까?

미국인 선교사 아펜젤러가 1885년에 세운 학교로, 우리나라 최초의 근대 서구식 사립학교이자 조선에 하나밖에 없던 서양식 교육기관이다. 벽을 헐어서 만든 교실에서 학생 2명을 가르쳤던 것이 시작이었고, 자유 이념을 교육하는 것이 설립 목적이었다.

배재학당 전경

배재학당 학생들과 아펜젤러 선교사
아펜젤러는 언더우드와 함께 성경번역위원회를 만들었고, 최초로 한글성경을 번역했단다.

조선 땅에서 처음으로 자유의 이념이 시작된 중요한 곳이다냥

유영익 박사 (국사 편찬위원장 역임)
"배재학당은 일개 한학자와 관료로 인생을 끝마칠 뻔했던 유생 이승만을 서구 지향적인 근대적 혁명가이자 개혁가로 변화시키는 용광로가 되었다."

이승만은 영어를 배운다는 가벼운 마음으로 입학했는데, 웬걸! 영어에서도 그의 명석함이 발휘됐어. 영어학원은커녕 영어 사전도 없던 시절이라 손짓, 발짓으로 배웠음에도 불구하고 빠른 속도로 실력이 늘었고, 학생들 사이에서도 두각을 나타내. 그렇게 6개월 만에 배재학당의 영어 선생님이 됐지. 몇 년을 공부해도 어려운 영어를 단기간에 배우고, 선생님이 되었다는 것은 그가 뛰어난 인재였다는 것을 알 수 있어.

그런데 이승만은 영어보다 더 중요한 것을 배웠단다. 바로 기독교 사상이 바탕이 된 서양 국가에서는 개개인의 자유가 보호된다는 사실이었어. 또 '모든 사람은 자유롭고 평등하다'는 자유주의와 '국민은 정부를 선택할 권리를 갖는다'라는 민주주의를 알게 되면서 큰 충격을 받았지. 그리고 우리나라가 이와 같은 사상을 채택한다면, 자유를 누리지 못하던 백성들에게 큰 축복이 될 것이라고 생각했단다.

여기 나오는 어려운 단어의 설명은 238쪽에 있다냥!

그래! 이렇게 하면 우리 국민 모두가 행복하게 살 수 있겠다!

자유주의!   공화주의!
민주주의!   입헌주의!

군주제   신분제

언론인과 연설가로서의 이승만

이승만이 배재학당에 다닐 때 만들어진 '협성회'라는 모임이 있어. 이곳에서 이승만은 나라의 미래를 걱정하며 개화 및 구국 운동에 전념했고, 언론인으로서 두각을 나타내기 시작했어. 그리고 얼마 후 협성회 회장이 되면서 '협성회회보'라는 주간신문을 만들고, 책임 편집자가 되어 논설을 쓰며 언론인으로서 날개를 달게 됐지.

또 급변하는 시대에 일간신문의 필요성을 깨닫고, 우리나라 최초의 일간지인 '매일신문'을 만들었어. 이후 제국신문까지 만들어내면서 기자로서도 활약했단다.

일간신문 (日刊新聞)
날마다 발행하는 신문

제국신문 (帝國新聞)
대한제국의 새 출발을 경축하는 의미로 창간한 신문

협성회회보
서재필의 지도로 조직한 학생 토론회 '협성회'의 신문이야. 이승만이 기사, 논설, 편집을 도맡았어.

매일신문
협성회회보를 만들던 이승만은 "날마다 신문을 내자"며 매일신문을 만들었어.(1898.4.9)

제국신문
이승만이 두 번째로 창간한 일간신문이야.

우리나라 최초의 신문

▶ **한성순보**(1883)
 : 우리나라 최초의 근대 신문. 10일에 한 번 나라에서 발행
▶ **독립신문**(1896) : 최초의 민간 신문 (격일간지)
 일주일에 3일 발행 → 일간지로 변경(1898.7)
▶ **매일신문**(1898.4) : 최초의 민간 신문 (일간지). 매일 발행

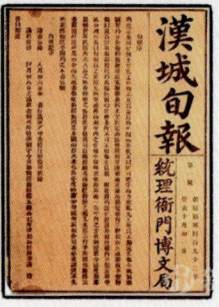 

한성순보(왼쪽)와
독립신문(오른쪽)

이승만이 계속해서 신문을 발행했던 이유가 있어. 주변 강대국들이 우리나라의 각종 이권을 빼앗아가서 나라가 점점 더 어려워졌기 때문이야. 그래서 그 내용을 국민에게 알리고 함께 싸우기 위함이었지.

그는 수많은 특종도 남겼어. 대표적인 것은 1898년 8월 30일자, 제국신문에 기고한 '대한 사람 봉변한 사실'이라는 기사야.

이권 (利權)
이익을 얻을 수 있는 권리

서울 한복판에서 한 외국인이 조선 사람에게 마구 칼질을 해 댔어. 사람이 피를 흘리니 웅성웅성 소란이 일었겠지? 그래서

조선 순경이 왔지만, 어떤 조치도 취할 수 없었어. 알고 보니 가해자가 일본인이었거든. 심지어 일본 경찰이 와서 '감히 대일본제국 신민의 심기를 불편하게 했다'라는 이유로 칼에 맞아 피 흘리는 조선 사람을 잡아갔지. 이때, 이승만은 4면짜리 제국신문에 2면 반이나 할애해서 힘없는 나라 백성들의 처지를 대변하는 기사를 썼던 거야.

또 이승만은 연설가로도 활동했단다. 구한말 우리나라의 독립과 개혁을 위해 맹활약한 '독립협회'라는 단체가 있었는데, 그곳에서 '만민공동회'라는 대중 집회를 열었어. 당시로서는 파격적인 숫자인 1만여 명의 군중이 모였고, 이승만은 그들 앞에서 나라의 실상을 정확하게 알렸지. 23살이라는 젊은 나이였지만 윤치호, 서재필, 이상재와 더불어 4대 연설가에 속할 정도로 인기가 많았어.

구한말
대한제국 시기
(1897~1910)

만민공동회
1898년, 독립협회 주최로 서울 종로에서 열린 대중 집회란다. 러시아의 침략 정책을 비판하고, 대한제국의 자주독립권을 지키자는 결의안을 정부에 건의했지.

한솔: 젊은 나이에 1만여 명이나 모인 사람들 앞에서 연설을 하다니 대단한데요?

한결: 게다가 옛날에도 지금처럼 많은 사람이 모여 집회를 열고, 자신의 목소리를 냈다는 사실이 놀라워요

엄마: 민주주의 국가로 갈 수 있었던 첫걸음이라고 할 수 있지. 하지만 그 당시에는 친러파가 이 나라를 들었다 놨다 하고 있었어

한솔: 친러파라면, 말 그대로 러시아와 친하게 지낸 사람들인가요?

엄마: 맞아. 러시아는 그들을 조종해서 우리나라 영토와 이권을 빼앗았고, 일본보다 먼저 우리나라를 집어삼키려 군침을 흘리고 있었지

한결: 아휴. 일본도, 러시아도 왜 우리나라를 가만두지 않는 거예요?

엄마: 우리나라는 지리적으로 아주 중요한 위치였기 때문에 주변 강대국들이 탐낼 만했어. 그래서 이승만은 친러파에 저항하는 연설을 많이 했단다

한솔: 친러파가 가만히 안 있었을 텐데요?

엄마: 맞아! 러시아 편에서 한 몫 단단히 챙기던 자들은 개혁을 외치는 이 집회를 못마땅하게 생각했지

 한결: 아니~ 나라를 빼앗겨도 자기들만 잘 먹고 잘 살면 된다는 건가요?

 엄마: 그러게 말이야. 그래도 집회는 계속 이어졌어

 한솔: 나라 생각하는 사람들이 있어서 다행이에요

 엄마: 그러다가 1898년 11월 21일 일이 터지고 말았지

이승만이 궁궐 앞에서 군중을 모아놓고 '정부를 개혁해야 한다'라고 한참 연설을 하고 있을 때, 보부상들이 그 집회를 습격한 거야

 한솔: 보부상이면 등에 짐을 지고 운반하던 상인을 말하는 거잖아요? 보부상이 왜요?

 엄마: 전국에 있던 보부상들이 친러파에게 뒷돈을 받고, 만민공동회에 참석한 사람들에게 시비를 걸어 싸움을 벌인 거지

 한결: 헐! 너무해요!!

엄마: 집회는 순식간에 난장판이 됐고, 몰려드는 보부상들 틈에 끼어 이승만은 주먹다짐을 벌였어

한결: 주먹다짐이요? 이승만은 싸움도 잘했어요?

한솔: 와~ 공부만 하는 학자 스타일은 아니었나 봐요?

엄마: 특히 발차기가 수준급이었대 하지만 몽둥이를 들고 떼로 덤비는 보부상들과의 싸움에서 3명이 즉사하고 많은 부상자가 생겼어

한결: 그럼 이승만은 어떻게 됐어요?

엄마: 사태가 마무리되고 인원점검을 했는데 이승만이 없는 거야! 앞장서서 싸우다 사라졌으니 죽은 줄 알고 동지들이 슬픔에 잠겨있는데, 갑자기 살아서 나타났지 뭐야?

한솔: 엥? 어떻게 살아 왔대요?

엄마: 이승만은 열심히 싸웠지만 떼로 덤비는 무리를 이길 수 없었어. 계속 이렇게 싸우다간 죽겠다 싶으니 보부상들을 피해 도망치려고 했지

1. 청년 이승만 45

엄마: 그런데 누군가 자신의 손목을 턱 잡으면서 "이승만 씨, 그리로 가면 죽습니다. 살려거든 보부상들을 향해 뛰쇼!"라고 했다는 거야

한결: 하지만 그쪽으로 가면 더 맞아 죽는 거 아니에요?

엄마: 그래서 이승만도 '웬 이상한 사람이 희한한 소리 하네'라고 생각하며 뒤를 돌아봤는데, 그곳에 아무도 없었어 분명히 목소리가 들렸고, 자신의 손목을 잡았던 감촉도 느껴지는데 아무도 없으니까 어리둥절 했던 거지

한결: 헉! 누구였을까요?

엄마: 그러게~ 엄마도 궁금하네?

한솔: 저는 이승만이 어떻게 했는지 더 궁금해요!

엄마: 말이 안 되는 거 알지만, 왠지 그 말을 들어야 할 것 같았대 그래서 뭔가에 홀린 사람처럼 보부상들을 향해 뚜벅뚜벅 걸어갔던 거야

한결: 보부상들이 이승만 얼굴을 몰랐나 봐요?

엄마: 그때는 유명인이라 해도 얼굴은 잘 알려지지 않았던 것 같아 지금처럼 인터넷이 있던 게 아니었으니 말이야 아무튼 보부상들이 몰려오는 쪽으로 태연스레 지나가니까

엄마: 보부상들은 '저놈이 이쪽으로 오는 거 보니 시위대는 아닌가 보네' 하며 오히려 길을 비켜줬고, 위기에서 살아 도망칠 수 있었던 거야

한결: 와우! 이승만의 생각대로 도망갔다면 죽을 수도 있었겠네요.

엄마: 맞아! 이승만도 이 사건을 매우 신기하게 여겼어. "내가 까딱 잘못하면 죽을 뻔했는데, 죽음의 위기에서 나를 살려준 보이지 않는 손, 그 손의 정체는 누구일까?"라며 말이야.

한솔: 정말 신기해요. 그런데 엄마는 그 사실을 어떻게 알게 됐어요?

엄마: 이승만의 자서전에 나와 있지. 그는 '젊었을 때부터 수도 없이 죽음의 위기를 겪었는데, 그럴 때마다 보이지 않는 손이 나를 지켜줬다'라고 기록하고 있어

인생을 바꾼 한성감옥

글을 쓰고 연설도 하면서 기울어져 가는 나라를 살려보려고 애썼지만, 점점 망해가는 조선을 보게 돼. 하지만 지켜보고만 있을 수 없었던 이승만은 **급진개화파** 박영효와 함께 "이대

> **급진개화파 (急進開化派)**
> 정치 제도를 혁신하고 사상과 풍속을 근대적으로 개혁하여 자주 독립 국가를 세우려 했던 당파

로 가면 나라가 망하고, 나라가 망하면 백성은 비참해진다. 백성을 살려낼 방법은 하나, 혁명하자"라며, 고종폐위운동을 계획했지. 하지만 그 계획은 성공하지 못한 채, 1899년 1월 9일에 체포되고 말아.

> **고종폐위운동**
> **(高宗廢位運動)**
> 고종이 열강의 이권에 끌려 다니고 러시아 공관에 도망가는 등 한 나라의 군주로서 더 이상 인정할 수 없어 왕의 자리를 폐하려는 급진개화파가 일으킨 정변

조선에 살고 있던 미국 선교사들은 감옥에서 이승만을 빼내려고 애썼지만, 정작 그는 강대국의 힘을 빌리고 싶지 않았어. 그런데 달리 뾰족한 방법이 없어서 탈옥을 선택했고, 성공했지. 하지만 성공도 잠시, 금세 다시 붙잡혀 끔찍한 고문을 받았어. 그리고 죽을 때까지 감옥에 있으라는 종신형을 받고, 조선의 중한 죄수만 가둔다는 한성감옥에 갇히게 돼.

한성감옥은 정말 끔찍한 곳이었어. 죄수들에게 주는 밥은 나무껍질이나 다름없는 모래 밥이니, 치아는 흔들거리고, 위장은 탈이 날 수밖에 없었지. 또 사방 1m도 채 되지 않는 좁은 공간이니 눕기는커녕 다리조차 뻗을 수 없었어. 게다가 목에는 약 10kg 정도의 형틀을 씌우고, 손에는 쇠고랑을 채우거나 포승줄을 묶었으며, 다리에는 족쇄를 채웠지.

온몸이 꽁꽁 묶인 채로 온종일 앉아있다 보니 머리부터 발끝까지 파리, 모기, 바퀴벌레, 진드기, 벼룩 등 온갖 벌레에 시달려야 했단다. 그뿐만 아니라 무릎과 발목을 묶은 뒤, 다리 사이에 장대를 끼워 두 사람이 힘껏 틀기도 하고, 세모난 대나무 토막을 손가락 사이에 단단히 끼워 놓고 살점이 떨어져 나가도록 세게 비틀거나 대나무 몽둥이로 사정없이 때리기도 했지.

극심한 고문을 당하며 언제 죽을지 모르는 신세가 되어 고통스럽게 하루하루 견디고 있을 때, 그와 함께 혁명을 꿈꾸었던 동지들은 한 사람씩 **형장의 이슬**로 사라졌어. 그중에 한 사람이 처형당하면서 "이승만!!"을 외치며 죽어갔지.

감옥에 앉아있던 이승만은 그 비명을 듣고, '못다 이룬 독립과 개혁의 꿈을 나에게 맡기고 동지들이 죽어 가는데, 과연 내 운명은 어찌 될 것인가? 지옥 같은 한성감옥에서 살아나갈 수는 있을까? 애국자의 목을 저렇게 함부로 치는 나라, 내 조국의 운명은 어찌 될 것인가?'라며 깊은 고민을 하게 된단다.

그 지옥 같던 감옥에서도 즐거움은 있었어. 바로 선교사들이

형장의 이슬로 사라지다
사형의 처벌이 집행되어 죽다

1. 청년 이승만 49

넣어준 성경을 몰래 읽는 것이었지. 처음엔 그저 마음의 위안을 얻기 위해 읽기 시작했는데, 성경의 메시지가 이승만을 사로잡았어. 감옥에서 고문으로 고통당할 때 예수님이 고난을 겪으신 구절을 읽으며, '예수님이라면 내 삶의 고통과 처지를 이해해주시겠구나' 싶어서 1899년 2월 추운 겨울날, 기독교로 개종했어.

조선 양반 가운데 기독교인이 된 사람은 일본에서 개종한 이수정, 미국에서 개종한 서재필, 중국에서 개종한 윤치호 등이 있었는데, 이들은 모두 외국에 나가 외국 문물을 접하면서 기독교를 받아들였어. 그러니 조선 땅에서, 왕족 후손인 이승만이 기독교로 개종했다는 것은 역사적인 일이라고 할 수 있지.

개종 (改宗)
믿고 있던 종교를 바꾸어 다른 종교를 따름

하나님, 우리 조국과 내 영혼을 구원하소서!

하소서냥!

그가 처음 기독교인이 되었을 때의 기도는 "제발, 저를 살려주세요. 이 지옥 같은 한성감옥에서 빼내 주세요"가 아닌 "우리의 조국을 구원하소서"였다는 것을 통해 종교가 가야 하는 길이 무엇인지 이 땅의 후손들에게 알려주는 듯해. 그렇게 이승만은 독실한 기독교인이 됐어. 그리고 감옥을 방문해서 성경 공부를 도와준 아펜젤러, 언더우드, 벙커 등 여러 선교사와 함께 열심히 전도했단다. 이상재, 이원긍, 김정식 등 다른 시국 사건 때문에 한성감옥에 들어왔던 동료들도 하나, 둘 기독교로 개종하게 됐지.

1902년 가을에는 '콜레라'라는 무서운 전염병이 조선에 퍼져 2만 3천여 명이 죽어갔어. 그때는 병원이나 약이 제대로 갖추어지지 않았기 때문에 전염병이 한 번 돌면 떼죽음을 당할 수밖에 없었지. 감옥 바깥에서도 이렇다 할 방법이 없어 수많은 사람이 죽어 갔는데, 감옥은 그보다 더했겠지?

그러니 누구도 환자를 돌보려 하지 않았단다. 그런데 이승만은 죽어가는 환자들 틈에 섞여 궂은일을 도맡아 했고, 구토하고 설사하는 죄수들을 전심으로 돌봤어. 힘들만도 할 텐데, 오히려 기쁨으로 복음을 전하고, 성경을 가르치는 그의 모습을 보고 간수들도 감동했지. 그래서 한성감옥에서만 40여 명이 기독교로 개종했고, 이들은 훗날 대한민국을 세우는 데 큰 도움을 주게 된단다.

> **시국 사건**
> **(時局 事件)**
> 그 당시의 국내 혹은 국제 정세와 관련된 사건

한성감옥 앞의 이승만
프랑스인 쟝 드 팡스의 저서 '한국에서(1904)'에 실려있는 한성감옥 바깥의 이승만(중앙). 이승만이 맞이하고 있는 서양인은 1902년에 사망한 그의 스승 아펜젤러로 추정된단다.

옥중 동지들
1904년 한성감옥에서(이승만, 왼쪽에서 세 번째) 함께 성경 공부를 하던 옥중 동지들. 앞줄의 어린이는 이승만을 찾아온 아들 봉수야.

　　감옥에 들어가기 전부터 이승만이 뛰어난 인재이자 애국자라는 것을 알았던 선교사들은 '조선을 복음화하려면 이승만을 개종시키면 된다'라고 생각했어. 그래서 그가 기독교로 개종했다는 소식을 듣고 매우 기뻐하며 정치, 경제, 사회, 문화, 역사, 교육, 법률, 외교, 문학 등 다양한 분야에서 세계적인 학자들이 쓴 책들을 감옥 안에 넣어주었지.

그중에 이승만의 마음을 사로잡았던 것은 영문 잡지인 "Outlook"이었어. "Outlook"을 통해 기독교 자유사상을 접했고, 자유민주주의에 대한 지식도 많이 쌓을 수 있었지. 이승만은 본인의 지식을 쌓는 것에 그치지 않고, 감옥 소장에게 옥중학당을 만들어 달라고 부탁했어. 그것이 받아들여져 다른 죄수들도 책을 나누어 볼 수 있도록 '옥중 도서관'까지 생겨났단다.

Outlook
1900년대 초에 많이 읽혔던 자유주의적 기독교 잡지

옥중 도서관

1902년 12월경, 한성감옥 안에 세워진 도서관으로 무려 523권의 책이 갖춰져 있었다. '서양 선교사들이 넣어준 책으로 만들어져 조선팔도 그 어느 곳에 있는 도서관보다, 심지어 궁중 왕립 도서관인 집옥재에 비교해도 전혀 손색이 없었다'라고 유영익 박사(국사 편찬위원장 역임)는 평가했다.

집옥재
고종이 서재로 사용하던 곳으로 현재 서울 경복궁 내에 위치하고 있는 건물이야. 2016년 문화재청이 집옥재를 작은 도서관으로 새롭게 개관했단다.

이승만은 공부를 게을리 하지 않았고, 글 쓰는 실력 또한 녹슬지 않았지. 감옥에서 쓴 논설이 감옥 밖 신문에 실리기도 했거든. '러시아 제국은 따뜻한 남쪽 항구를 차지하려고 하니 러시아에 대해 경계해야 한다'라며 러일전쟁을 예견했을 정도로 국제 정세를 훤히 보고, 우리나라가 나아가야 할 방향을 제시하니 수많은 국민에게 영향을 끼칠 수밖에 없었어.

　　우리나라의 첫 주한 미국 대사였던 무초는 이승만을 "국제 정세를 가장 고차원에서 이해한 탁월한 전략가였다. 그가 미국 역사나 세계 정치를 이야기하면 정신을 잃고, 이야기에 몰두했다"라고 평가했어.

　　무초 대사를 감동하게 했던 그 식견과 안목은 어디에서 나왔을까? 아마 한성감옥 시절이었을 거야. 미래가 보이지 않았지만 훗날 새로운 나라를 세우는데 필요한 지식과 지혜가 쌓였던 시간이었으니까 말이야.

　　기독교인이 된 후 이승만에게 찾아온 가장 큰 생각의 변화가 있다면, 조선을 이끌어왔던 유교 이념과는 다른 새로운 정신이 필요하다는 것이었어. 그때부터 "우리나라가 미국과 영국처럼, 개인의 권리를 존중하고, 자유와 평등이 보장되는 자유민주주의 국가이면서, 기독교 정신에 기초한 나라로 세워져야 한다"라고 주장했지.

　　그가 꿈꾸었던 '기독교 입국'은 기독교를 국교로 삼는 신정국가가 아니라 기독교적 가치인 자유와 평등이 실현되는 자유민

입국(立國)
나라를 세움

신정국가(神政國家)
신이나 종교적 원리에 의해 통치가 이루어지는 나라

54

주주의 국가였어. 이에 대한 그의 생각은 '독립정신'이라는 책에서 가장 잘 드러나. 기독교 정신을 통해 한국을 개화시키고, 개화된 한국인들을 통해 독립을 이루겠다는 것이었지.

사실 이건 이전까지의 군주제와 신분제를 무너뜨리는 무척 위험한 생각이었어. 이승만이 말하는 문명개화란 자유주의와 공화주의 이념에 토대를 둔 미국식 민주주의 국가가 되는 것을 의미했기 때문이야.

"우리가 기독교를 모든 일의 근원으로 삼아 자기 자신보다 다른 사람을 위해 일하는 자가 되어 나라를 한마음으로 받들어 우리나라를 영국과 미국처럼 동등한 수준에 이를 수 있도록 최선을 다해야 할 것이다."

한성감옥에서 새 나라를 함께 세울 동지들을 많이 만났단다. 자신의 이익을 위해 나라를 팔아먹는 사람들이 넘쳐났을 때, 조선의 자유와 독립을 위해 투쟁했던 애국자들은 감옥에 갇혔지. 하지만 같은 신앙과 애국심을 갖고 잃어버린 나라를 되찾기 위해 똘똘 뭉치게 된 전화위복의 시간이기도 했어.

다음 장에 나오는 사진은 1903년 구국 투쟁 중에 갇히게 된 한성감옥에서 애국동지들과 함께 찍은 사진이야. 한번 볼까?

군주제 (君主制)
왕 같은 군주가 국가의 최고 권력을 갖는 1인 지배의 정치체제

신분제 (身分制)
노예, 평민, 귀족, 왕족 등 출신에 따라 계층을 나누는 제도

문명개화 (文明開化)
낡은 폐습을 타파하고 발달된 문명을 받아들여 발전함

자유주의 (自由主義)
국가 권력으로부터 개인의 자유를 보장하며 자유와 평등을 최상의 정치·사회적 가치로 삼는 정치이념

공화주의 (共和主義)
군주제의 반대 개념으로 복수의 주권자 즉, 국민이 통치하는 정치 체제

전화위복 (轉禍爲福)
화가 바뀌어 오히려 복이 됨

복당(福堂)에서 만난 동지들

이승만과 그의 동지들은 한성감옥을 축복의 집, 즉 '복당(福堂)'이라고 불렀어. 감옥에서 나온 이후 한성감옥에서의 경험을 하나하나 따져보니 그것은 저주가 아니라 축복이었다는 것을 알게 된 거지.

다 대단한 분들이다냥!

이승인
이상재의 아들

아버지 대신 복역 중인 소년

김정식
경무국장 출신. 동경 YMCA 창설

이상재
위대한 교육자. 초대 미국 공사 등 고위 관직을 지내고 독립협회 부회장으로 활동. 전 국민의 존경을 받았으며 별명은 '조선의 거인'. 이승만의 정치적, 재정적 후견인

신흥우
이승만을 배재학당으로 이끌었던 친구

이동녕
임시정부 주석으로 활약함

이원긍
조선 최고 명의. 대제학 출신 대감. 출옥 후 YMCA에 헌신

박용만
미국에서 무장투쟁을 주장하며 군대를 훈련시킴

양의종
양기탁으로 개명. 출옥 후 영국 언론인 베델과 함께 현재 서울신문의 전신인 대한매일신보를 창간하고 주필로 활약함

이 준
구한말의 검사이자 외교관. 1907년 만국평화회의가 개최된 헤이그에 특사로 파견되어 외교 활동 중 사망

1. 청년 이승만

또 이승만은 영한사전도 만들고 있었지. 만약 완성됐다면 한국 최초의 영한사전으로 기록됐을 작업이 아쉽게도 1년 만에 갑자기 중단됐어. 조선의 지배권을 놓고 러일전쟁이 터졌기 때문이야.

> **러일전쟁**
> 1904~1905년, 만주와 조선의 지배권을 두고 러시아와 일본이 벌인 전쟁. 배후에는 영일동맹과 러프동맹이 있었고, 제1차 세계대전의 전초전이 됨. 일본이 승리하여 조선의 지배권을 갖게 된 결정적 계기.

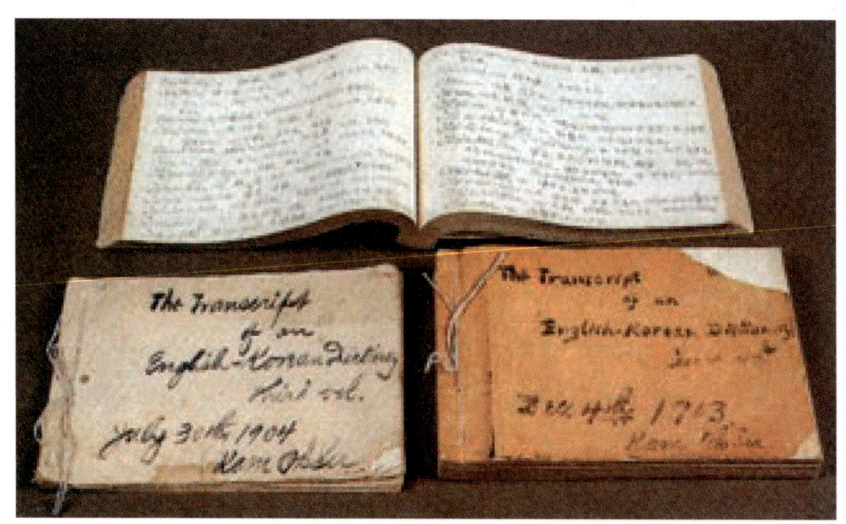

이승만이 옥중에서 집필 중단한 영한사전 원고
최초의 영한사전보다 40년 앞선 사전. 겉표지에 1903, 1904라고 집필연도를 표시해 놓았어. 이승만은 A에서 F까지의 단어들을 한글과 한자로 뜻풀이 했지.

그 소식을 듣자마자 영한사전 만드는 일을 중지하고, 곧바로 '독립정신'이라는 책을 쓰기 시작했어. 감옥에서 쓴 수백 편의 논설을 모으고, 새로운 내용을 덧붙여 완성했지. 자주 독립을 위해 백성의 교육과 문호 개방의 필요성을 강조한 내용이 담겨 있단다.

이 책의 원고는 비밀리에 감옥 바깥으로 전해졌어. 그리고 한성감옥 동료였던 박용만이 일본의 감시를 피하면서 미국까지

가져갔지. 그렇게 출판되자마자 독립운동가들이 꼭 읽어야 할 책이 됐어. 총독부는 판매를 금지했지만, 읽지 않으면 낙오자가 될 정도로 널리 읽혔단다.

독립정신 6대 강령

첫째, 마땅히 세계에 개방하고 통상해야 한다.
둘째, 새로운 문물을 자신과 집안과 나라를 보전하는 근본으로 삼아야 한다.
셋째, 외교가 나라를 유지하는 데 매우 중요하다는 것을 알아야 한다.
넷째, 나라의 주권을 소중히 여겨야 한다.
다섯째, 도덕적 의무를 소중히 여겨야 한다.
여섯째, 자유를 소중히 여겨야 한다.

> **강령(綱領)**
> 기본 입장이나 중요한 내용
>
> **치욕(恥辱)**
> 수치와 모욕을 아울러 이르는 말. 욕되고 수치스러운 것

그 당시에 이런 생각을 하다니 너무 대단하다옹!

'독립정신'은 우리나라가 국권을 외세에 빼앗기는 치욕을 겪게 된 원인이 바로 국민 의식이 깨어있지 못했기 때문이라고 말하는 동시에 이미 빼앗긴 국권을 되찾기 위해 국민 의식을 일깨우고자 하는 의지를 보여주었어. 실제로 이 책은 '독립정신 6대 강령'을 기록하여 한국인에게 독립정신을 알려줬지.

**지정학
(地政學)**
지리적인 위치 관계가 정치, 국제 관계에 미치는 영향을 연구하는 학문

**로버트 올리버
(Robert Oliver)**
대한민국 건국의 숨은 공신으로 이승만의 국제정치고문 역할도 함

**바이블
(bible)**
어떤 분야에서 지침이 될 만큼 권위가 있는 책

또 지정학적 측면에서 우리나라와 같이 강대국에 둘러싸인 경우, 국제 사회에서 살아남기 위해 반드시 해야 할 일을 말해주고 있어. 그래서 오늘날에도 유효한 우리 민족의 '생존 전략서'라고 할 수 있지.

책 후반부에 "대통령을 포함한 정치 지도자들의 정신이 썩어빠졌다고 해도 국민의 의식만 깨어있다면 염려할 바가 없다. 목숨을 바칠 각오로 대한제국의 자유와 독립을 나 혼자라도 지키며, 우리 2천만 동포 중 19,999,999명이 모두 머리를 숙이거나 모두 죽임을 당한 후, 나 혼자라도 태극기를 받들어 머리를 높이 들고 앞으로 나가며 한 걸음도 뒤로 물러나지 않을 것을 각자 마음속에 맹세하고 다시 맹세하고 천만번 맹세합시다"라는 구절이 나오는데, 나라를 구하고자 하는 굳건한 마음을 엿볼 수 있단다.

로버트 올리버 박사가 '한국의 정치적 바이블'이라고 표현할 정도로 '독립정신'은 훌륭한 책이었어. 당시 이승만은 29살이었는데, 젊은 나이에 국제적 안목을 가지고 이런 책을 썼다는 사실이 매우 놀랍다고 평가 받지.

이승만의 첫 저서 '독립정신'
1904년 한성감옥에 갇혀있을 때 써서 1910년 3월 로스앤젤레스에서 처음으로 출간된 책이야. 이승만이 29살 젊은 나이에 쓴 국민계몽서란다.

기적 같은 출옥 그리고 미국 유학

이승만이 기독교인이 되고 얼마 지나지 않아 기적 같은 일이 일어났어. 미국 선교사들이 이승만의 목숨을 구하기 위해 또다시 힘을 모으기 시작한 거야. 아관파천 때 고종을 보호하기 위해 밤낮없이 노력한 선교사들과 애국자들이 고종에게 몰려가서 "이승만이라는 인재를 평생 감옥에서 썩히는 것은 국가적인 손실입니다. 나라의 장래를 위해 살려 주시오"라고 간청했어.

사방에서 구명 활동을 벌이니 사형에서 무기징역으로, 무기징역에서 징역 10년으로 형량이 점점 줄어들었지. 그리고 한성 감옥에서 5년 7개월이라는 시간을 보낸 1904년 8월, 이승만은 드디어 감옥을 나오게 돼.

구명 (救命)
사람 목숨을 구함

이 건물이 아관(러시아 공사관)이다옹!

아관파천
일본에 의해 민비가 죽임당한 이후, 신변에 위협을 느낀 고종이 1896년부터 약 1년간 조선의 왕궁을 떠나 러시아 공사관에 피신해 있었다. 이 때 미국 선교사들이 많은 도움을 주었단다.

고종이 선교사들의 말을 들어준 것은 아관파천 때, 고종의 생명을 보호해준 은인이 바로 미국 선교사들이었기 때문이야.

선교사들은 고종이 잘 동안 밤새 곁을 지켰고, 수라상에 독이 들었는지 확인하기 위해 먼저 입에 대보기까지 하며 고종을 보호했어. 일본 사람은 조선 사람이라면 그게 왕이든 왕비든 상관없이 죽일 수 있었지만, 강대국인 미국 사람은 감히 건드리지 못했거든. 그 점을 잘 활용했던 거지.

수라상 (水剌床)
궁중에서, 임금에게 올리는 밥상을 높여 이르던 말

독이 들어 있을지 모르니 제가 먼저 먹어보겠습니다.

선교사들이 이렇게까지 하는데. 이승만을 풀어줘야 하나..

미국인 선교사

고종

62

미국으로 떠나기 전 찍은 가족사진

1904년 11월 밀사가 되어 미국으로 떠나기 전 찍은 기념사진이야. 오른쪽부터 첫 부인 박씨, 이승만, 모자 쓴 아이가 아들 봉수이고 아버지 이경선, 뒤에 서 있는 소년은 조카, 왼쪽 끝은 큰누님이란다.

이승만이 감옥에서 나왔을 때, 러일전쟁이 한창이었어. 이 전쟁은 사실상 누가 조선을 차지하느냐는 싸움이었지. 그래서 친미 개화파 실력자였던 민영환과 한규설은 미국에 "조선의 독립을 도와 달라"라는 요청을 하기 위해 외교사절로 이승만을 보낼 계획을 세웠어. 조선 팔도에 '영어 하면 이승만'이라고 할 정도로 최고의 실력자였기 때문이야. 그래서 이승만은 감옥에서 나온 지 3개월 만에 고종의 밀사 자격으로 미국의 루스벨트 대통령을 만나러 가게 된단다.

그 당시엔 '영어'하면 '이승만'이었구나!

밀사(密使)
몰래 보내는 전달자

1. 청년 이승만

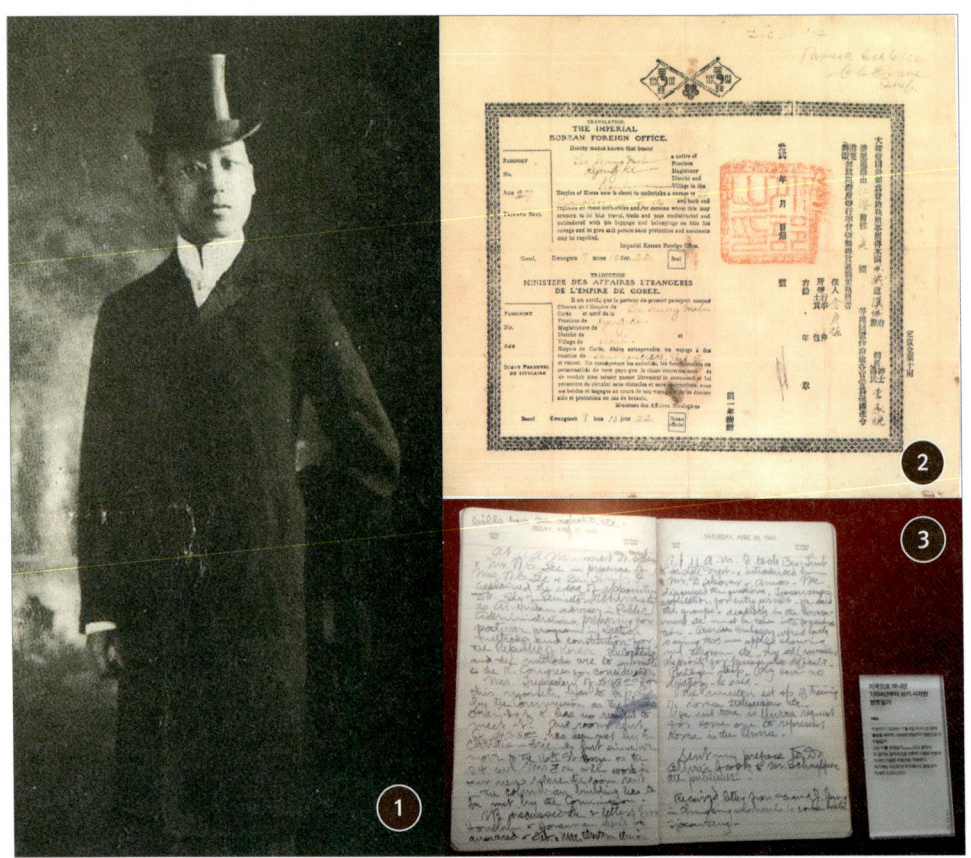

1. 정장을 입은 이승만
미국 루스벨트 대통령을 만나기 위해 예복을 갖춘 모습이야.(1905.8)
2. 대한제국이 발급한 이승만의 여권
발급 날짜는 광무 8년으로 1904년 10월 22일이지.
3. 이승만의 영문일기
처음 미국 가던 날부터 30여 년간 한결같이 영문일기를 기록했단다.(1904.11)

그런데 조선의 멸망은 거스를 수 없는 지경에 이르고 있었어. 이승만이 루스벨트 대통령을 만나기 불과 며칠 전인 1905년 7월, 일본 총리 가쓰라와 미국 육군 장관 태프트는 '미국은

러일전쟁 후 조선을 일본의 보호국으로 만드는 데 동의한다'라는 이른바 '가쓰라-태프트 밀약'을 이미 맺었기 때문이야.

나라를 지키기 위한 노력은 성과 없이 끝나 버렸지만, 조선이 독립할 길은 외교밖에 없다는 것을 절실히 깨달은 이승만은 미국에 남아 공부를 하게 돼.

조지 워싱턴 대학교에서 학사과정 2년, 하버드 대학교에서 석사과정 1년, 프린스턴 대학교에서 박사과정 2년을 보내며 국제정치학 박사 학위를 얻었지. 우리나라가 일본에 의해 외교권을 박탈당하는 을사조약을 맺었던 1905년부터 나라를 빼앗기는 한일병합조약에 이르는 1910년까지 일이었단다.

밀약(密約)
남몰래 한 약속

을사조약(乙巳條約)
원명은 '한일협상조약'이며 1905년에 일본이 한국의 외교권을 빼앗기 위하여 강제적으로 맺은 조약. 불평등 조약이라는 의미로 '을사늑약'이라고도 함

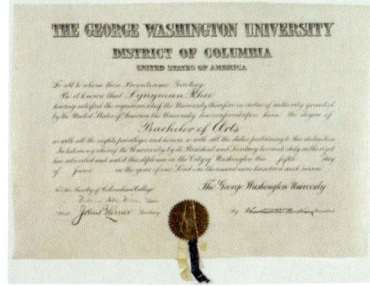
조지 워싱턴 대학교 학사 학위 증서

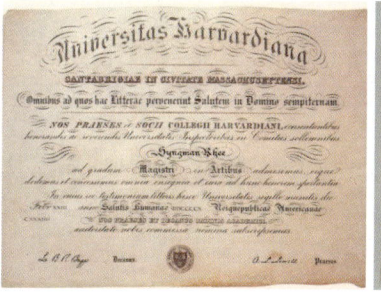
하버드 대학교 석사 학위 증서

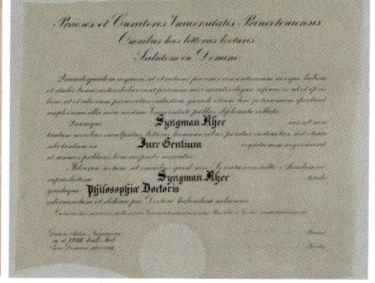
프린스턴 대학교 박사 학위 증서

이승만이 공부한 대학교는 소위 '아이비리그'라고 불리는 세계적인 명문 대학교야. 미국 명문 대학교에서 이렇게 짧은 시간에 인문·사회과학 분야의 박사 학위를 취득한 것은 한국을 넘어 동양인으로서도 이승만이 최초였어. 영한사전도 없던 시절, 식민지 직전의 조선 청년이 강연 등으로 생활비를 벌어가며 학

업에 열중하여 얻은 놀라운 성과였지.

1. 조지 워싱턴 대학교 재학 시절 성적표

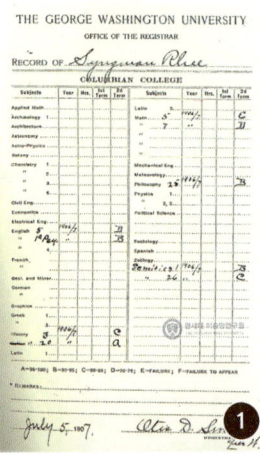

대학교에서 성적은 그리 좋지 못했어. 강연 등으로 시간을 많이 빼앗겼고, 건강도 좋지 않았기 때문이지. 게다가 한국에서 데려온 아들 봉수가 병으로 사망하는 등 상당히 어려운 환경이었단다.

2. 조지 워싱턴 대학교를 졸업할 무렵

학비는 장학금으로 면제받고, 생활비는 한국과 동양에 관한 강연을 하며 벌었단다.(1907)

3. 프린스턴 대학교 재학 시절 기숙사 방에서

프린스턴 대학교 박사과정 당시 사진이야. 바닥에 책가방이 놓여 있고 책상 모퉁이에는 이승만이 즐겨 사용하던 테니스 라켓이 보이네.(1909)

4. 하버드 대학교 재학 시절의 이승만과 급우들

가운데 앉아있는 인물은 국제법 담당 객원교수 윌슨(M.M. Wilson)이야. 재학 시절에 스티븐스 암살 사건이 일어나서 이승만은 친일 교수들과 학생들로부터 냉대를 받았단다.

졸업식 날 일기장에는 '내 나라를 지키기 위해 열심히 공부했는데, 박사 학위를 받고 나니 내 조국이 더는 나의 나라가 아니었다'라고 한일병합조약에 대한 침통한 마음을 남겼어.

박사 학위 기념사진
나라 잃은 슬픔이 눈가에 서려있는 듯 해.(1910.6)

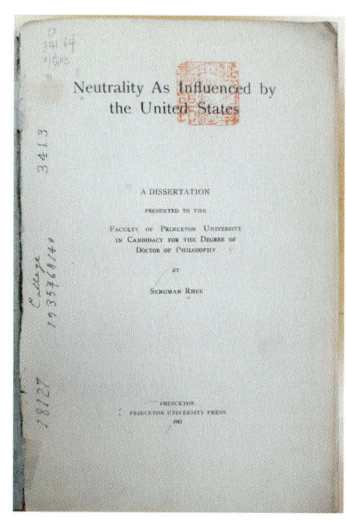

프린스턴 대학교 박사 논문
제목은 '미국의 영향을 받은 중립(Neutrality as influenced by the United States)'이야.

이승만홀
2012년 프린스턴 대학교 우드로 윌슨 스쿨에 마련된 '이승만홀(Syngman Rhee Lecture Hall)'. 그의 박사학위 100주년을 기념하여 마련된 강의실 명패란다.

그의 박사 논문은 '미국의 영향을 받은 중립(Neutrality as Influenced by the United States)'에 관한 내용인데, 세계 최고 명문 프린스턴 대학교에서 단행본으로 출판할 정도로 탁월했지. 제1차 세계대전이 일어났을 때 중립을 지켰던 미국에 무역 문제가 생겼어. 이때, 어디에도 속하지 않은 바다 위의 중립국 무역 문제에 관해 윌슨 대통령이 의회에서 연설을 했는데, 연설 중에 "닥

> **윌슨 대통령 (Woodrow Wilson)**
> 미국의 제28대 대통령. 1918년 '민족자결주의' 주장

1. 청년 이승만 **67**

터 승만 리의 연구에 의하면…"이라고 이승만의 연구 결과를 인용할 정도로 이승만의 논문은 세계적으로 인정받았지.

윌슨 대통령

만약에 이승만이 '박사'라는 타이틀을 자신을 위해 썼다면, 아시아인 최초로 미국 명문대 교수가 되어 편하게 살 수도 있었을 거야. 하지만 잃어버린 조국을 되찾는 일에 자신의 명예와 실력을 쏟아 부었지. 미래가 보이지 않고 위험한 독립운동의 길을 선택했던 거야.

나라를 되찾는 것이 우선임을 절실히 깨닫다

이승만은 1910년 10월, 한일병합조약이 이루어진 조국으로 귀국하게 돼. 그리고 전국 방방곡곡을 돌며 청년들에게 성경과 서양 역사, 국제법 등을 가르쳤지.

귀국 후 서울 YMCA에서 같이 일하게 된 한성감옥 동지들
이승만이 서울에 도착한 지 한 달 보름 만에 찍은 것으로 이승만 귀국 환영의 뜻을 담고 있어.

이승만은 목회자가 되어 기독교 전파에 일생을 바치고 싶었어. 그래서 선교사들과 함께 수많은 집회를 열며, '기독교 청년회(YMCA, Young Men's Christian Association)' 조직 운동을 펼쳤지. 그런데 이것이 일본의 신경을 건드리게 돼.

1910년, 36살의 이승만
YMCA 성경학교 성탄절 행사를 준비하고 있는 이승만의 사진이야.

국내 YMCA 강사로 활동했을 때, 이승만이 아이들에게 무엇인가 가르치면서 항상 하는 말이 "이거 정말 굉장하지"라고 해서 '이굉장' 선생님이라고 불리기도 했단다.

일본이 조선을 식민지로 삼을 때, 국내에 반일 세력이 많았던 것을 부담스러워했어. 특히 기독교인들이 늘어나는 것을 우려했지. 당시 한국 교회는 거의 유일하게 체계적인 조직을 갖추고 있었고, 국제사회와도 연결되어 있었기 때문에 식민지 통치에 저항하는 집단이 될 수 있다고 여겼던 거야.

또 1909년 10월 안중근 의사의 이토 히로부미 암살 사건, 1909년 12월 이재명 의사의 이완용 저격 사건 등 연달아 일어나는 사건의 주동자들이 대부분 기독교인이었어. 거의 모두 황해도와 평안도 사람들이었지.

조선을 통치하는 데 있어서 이들이 가장 큰 걸림돌이라고 여긴 일본은 이들을 한 번에 제거할 방법을 고민하던 차에 '105인 사건'을 일으켰단다.

개성에서 열린 'YMCA 학생 하령회'에 참석한 기독교 지도자들에게 죄를 뒤집어씌워 교회의 힘을 약하게 하려 했어. 그래서 '1910년 12월, 압록강 철교 낙성식 참석을 위해 선천역에 잠시 하차하는 데라우치 총독을 기독교인들이 암살하려 했다'라는 음모를 꾸몄고, 700여 명의 기독교 지도자들을 체포했단다.

그리고 체포한 그들을 고문해서 가짜 자백을 받아냈지. 결국 1912년 6월에 열린 첫 재판에서 실형을 선고받았던 사람이 105명이라 하여, '105인 사건'으로 불리게 됐어.

검찰에 기소된 기독교 지도자 중 4명은 잔혹한 고문으로 세상을 떠나고, 4명은 정신병자가 됐어. 이승만도 체포자 명단에

이토 히로부미 암살 사건
1909년 10월 26일 하얼빈 역에서, 4차례나 일본의 총리를 지낸 이토 히로부미를 안중근이 사살한 사건

하령회 (夏令會)
일종의 여름 수련회

낙성식 (落成式)
건축물의 완공을 축하하는 의식

기소 (起訴)
검사가 특정한 형사 사건에 관해 법원에 심판을 요구하는 일

포함되어 있었는데, YMCA 국제위원회의 개입으로 체포는 면할 수 있었지. 이 사건이 계기가 되어 이승만은 본격적으로 독립운동가의 길로 들어서게 된단다.

'YMCA 학생 하령회'가 열렸던 개성의 한영서원
이승만은 앞줄 중앙에 앉아 있어. 한영서원은 윤치호가 세운 학교로 지금은 인천 송도고등학교가 되었단다.(1911.6)

'105인 사건'으로 인해 조사를 받으러 가는 모습
'105인 사건'으로 기독교인들은 일제로부터 많은 핍박을 받았단다.

그는 먼저 '105인 사건'을 미국에 알렸지. 미국은 일본의 행동을 자국을 향한 도전 행위로 보았고, 더는 조선의 기독교인을 죽이지 못하도록 경고했어.

이승만은 '기독교를 전하는 것도 먼저 나라의 주권을 되찾고 난 이후에 해야 한다'라는 중요하고, 뼈아픈 교훈을 얻었지. 그리고 일본보다 더 강한 서양의 힘을 빌려 독립운동을 할 수밖에 없다고 생각하게 됐어.

그렇게 목회자의 꿈을 접고, 37살이라는 나이에 고국을 떠나 머나먼 미국으로 망명을 했지. 1945년에 다시 귀국할 때까지 33년 동안 조국의 해방을 위해 길고 긴 독립투쟁을 이어갔단다.

망명
(亡命)
정치적인 이유 등으로 자기 나라에서 박해를 받고 있거나 받을 위험이 있는 사람이 이를 피하기 위하여 외국으로 몸을 옮김

2

독립운동가 이승만

하와이에서의 활동

1913년, 이승만은 하와이 국민회의 초청으로 하와이로 망명을 떠났어. 그 과정에서 일본 도쿄를 거치며 한국인 유학생들을 만났지. 그리고 그들이 비록 조선을 망하게 한 일본에서 공부하고 있지만, 나라를 살리기 위해 얼마나 마음을 쓰고 있는지 알게 된단다. 그 마음을 한곳에 모으면 큰 힘을 발휘할 수 있을 것이라 생각해서 흩어져 있던 유학생들을 모아 '도쿄 YMCA'를 만들었어.

도쿄의 유학생들은 '태평양잡지'를 통해 국제 정세를 익히고, 독립 의지를 더욱 불태웠지. 이들의 인연은 도쿄 2·8 독립선언까지 이어지게 되는데, 나라를 살리기 위해 마음을 함께하는 좋은 사람들과의 만남이 계속 이어졌어.

> **태평양잡지**
> **(太平洋雜誌)**
> 이승만이 하와이에서 시사·교양의 증진과 독립된 주권 회복을 이룰 목적으로 17년간 발간한 월간 국문 잡지

사탕수수밭에서 일하는 하와이 이주 한인 노동자들

1903년에서 1905년 사이, '추운 겨울이 없고, 언제나 화창한 날씨이며, 1년 내내 일할 수 있어서 돈도 많이 벌 수 있는 지상 낙원'이라는 광고로 하와이의 사탕수수밭에서 일할 노동자들을 모집했어. 그 말을 믿고 5천여 명의 조선인은 하와이로 이민을 갔고, 여러 섬에 흩어져 살았지.

이민자들의 삶은 무척 고단했단다. 하루에 꼬박 10시간을 일했지만 정작 받는 돈은 겨우 살아갈 수 있는 정도였고, 초라한 오두막에서 담요 한 장으로 잠을 청해야만 했어. 거기다 소수민족이기 때문에 당하는 불이익은 물론, 일본인과의 마찰도 잦았고, 여러 가지 이유로 병에 걸려 죽어간 노동자들도 참 많았지.

그래도 그들의 마지막은 무척 멋있었어. 자신의 가족을 위해 고생해서 모았던 전 재산을 잃었던 나라를 되찾는 일에 써 달라며 죽어갔단다.

> **소수민족 (少數民族)**
> 다민족 국가에서 지배적 세력을 가진 민족에 대하여 상대적으로 인구수가 적고 언어와 관습 따위를 달리하는 민족

"전 재산을, 잃어버린 나라를 위해서 써달라며 내 품에서 죽어간 애국자들이 많은데 이름 없는 조선 노동자들 생각해서라도 내가 여기서 포기하면 안 되지. 힘을 내서 나라를 되찾아야지!"

이승만의 부인이었던 프란체스카는 회고록에 '사탕수수밭 노동자들은 이승만이 독립운동을 이끌어갈 용기를 되찾게 해준 힘의 원천이었다'라고 기록했어.

한편, 나라를 되찾기 위해서는 반드시 교육이 필요하다고 생

각한 이승만은 하와이에 학교를 세워 아이들의 교육에 힘썼지. 또 교포들이 하나 될 수 있도록 한인기독교회를 세웠단다.

하와이 교민들과 함께
카우아이의 사탕수수 농장에서 만난 교포들과 찍은 기념사진이야.

한인기독학원과 인하대학교

1916년, 여학생을 중심으로 세워진 '한인여자성경학원'이 1918년 '한인기독학원'으로 이름을 바꾸면서 우리 민족 최초의 남녀 공학 교육기관이 된다.

소학교 6년 과정을 거치며, 10년 동안 150명을 졸업시켰던 하와이의 민족 교육 중심 기관이었다.

그리고 1952년 하와이 한인 이민 50주년을 맞아 현지 교민들은 대통령이 된 이승만의 뜻에 따라 한인기독학원의 토지와 재산을 약 13만 달러(2007년 구매 가치로 약 270만 달러)에

팔아서, 1954년 인천과 하와이의 첫 글자를 딴 인하공과대학(현재의 인하대학교)을 설립했다.

한인기독학원

하와이 한인 교포 인재 양성의 중추 역할을 했던 한인기독학원 학생들과 교직원이 함께 기념사진을 찍었어. 이승만(왼쪽 흰 양복)이 설립자이자 교장이었지.(1918)

인하공과대학교 개교식장 입구

인하공과대학교(현 인하대학교)는 이승만이 '미국의 MIT와 같은 공과대학을 만들겠다'는 취지 아래 세워졌어.(1954.10)

그러던 중, 하와이에서 같이 활동하던 박용만과 갈등이 생겼어. 박용만은 조선의 독립이 무력을 통해서만 가능하다는 '무력 투쟁론'을 주장했고, 이승만은 우리의 무력만으로는 독립할 수 없다고 여겨 '외교 독립론'을 주장했기 때문이지.

박용만: 군사력을 길러서 독립해야 하네. 군대의 힘으로 일본 본토를 공격하여 독립을 이뤄야 하오!

이승만: 그건 현실성이 없는 얘기일세. 일본의 군사력은 세계 최강인데, 우리 군사력은 너무나 약해. 계란으로 바위 치는 것이나 마찬가지일세!

박용만: 싸움을 포기하고 외교만으로 독립을 쟁취하자는 것이 말이 되나? 조국의 독립은 우리의 힘으로만 이루어야 하네. 이기든 지든 일본과의 전쟁은 피할 수 없소.

이승만: 그렇다고 일본 공관에 폭탄을 던지고, 주요 인사들을 죽이면 세계 사람들이 한국인을 테러리스트로 보겠지. 게다가 일본은 민간인 학살로 보복할 것이기 때문에 잃는 것이 더 많아. 그러니 우리는 미국과 같이 힘있는 나라를 활용해 독립해야 하네!

무력투쟁론 vs 외교독립론

2. 독립운동가 이승만 81

하지만 이승만도 한국인의 독립 의지를 보여줄 비폭력 군중 시위는 필요하다고 생각했어. 그래서 3·1 운동 전부터 인연이 닿았던 독립운동가들과 비밀리에 연락을 취하고 있었지.

3·1운동과 임시정부

미국의 윌슨 대통령은 제1차 세계대전 마지막 해인 1918년 1월, '평화를 위한 14개 조항'을 발표했어. 이승만은 그 발표문에 '각 민족은 정치적 운명을 스스로 결정할 권리가 있으며, 다른 민족의 간섭을 받을 수 없다'라는 주장이 포함된 것을 보고, 우리나라가 강력한 독립 의지를 보이면 국제 사회가 도와줄 것이라 생각하게 돼. 그래서 독립운동가들에게 비밀리에 편지를 보내 대규모 집회를 열도록 건의하게 됐고, 이게 바로 우리가 잘 알고 있는 3·1 운동의 시작이었지.

의회에서 '14개 조항'을 설명하는 윌슨 대통령의 모습
14개 조항 안에 민족자결권이 포함되어 있단다.

To. 국내 독립운동가 동지들에게

윌슨 대통령의 민족자결주의 원칙이 파리강화회의에 정식으로 제출되는 이 기회를 놓칠 수 없다. 일본의 노예 정책을 고발하고 한민족의 자주권을 회복시키는 기회로 만들어야겠다. 이에 미국 내 동지들도 구국 운동을 추진하고 있으니 국내의 동지들도 적극적으로 호응하여 독립운동을 벌여주기 바란다. 국내가 조용하면 우리가 파리에서 무슨 발언권이 있겠는가?

From. 이승만

이승만은 일본의 만행을 알리고 한국의 독립을 호소하기 위해, '파리강화회의'에 참석하려고 했어. 프린스턴 대학교에서 공부했을 때 스승이었던 윌슨 대통령에게 도움을 받을 수 있을 것이라 생각했기 때문이야. 자신의 가족 행사에 초대할 정도로 이승만을 아껴주었거든. 하지만 동아시아에서 러시아의 세력이 더 커지는 것을 막기 위해 일본의 도움이 필요했던 미국은 이승만에게 파리행 여권를 내주지 않았지.

좌절에 빠졌던 그에게 동료 독립운동가인 정한경은 '연합국들이 한국을 일본의 지배로부터 자유롭게 하여 앞으로 완전한 독립을 보장하는 조건으로 당분간 국제연맹의 위임통치 아래

파리강화회의
1919년 제1차 세계대전의 종결을 위해 승전국들이 파리에서 개최한 회의

여권(旅券)
외국을 여행하는 사람의 신분이나 국적을 증명하고 상대국에 그 보호를 의뢰하는 문서

위임통치(委任統治)
국가를 다스리는 일을 다른 국가나 국제기구 등에게 맡기는 국가 통치의 한 형식

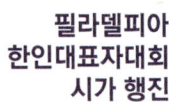

청원서
(請願書)
일이 이루어지도록 청하고 원하는 내용을 적은 문서

두는 조치를 원한다'라는 청원서를 만들어 왔어. 그리고 이것을 윌슨 대통령에게 제출했지. 이렇게라도 한국의 독립 의지를 국제 사회에 알리고자 했지만 아무런 성과를 얻지 못했어.

포기할 수 없었던 이승만은 1919년 2월 13일 서재필을 만나 미국 필라델피아에서 한인대회를 열기로 했어. 그런데 얼마 후 국내에서 3·1 운동이 일어난 거야. 그 힘을 이어받아 4월 14일부터 3일 동안 미국판 3·1 운동이라 할 수 있는 '한인대표자대회'를 열었어. 우리 동포 150여 명이 함께 태극기와 성조기를 양손에 들고 필라델피아 중심가에 있는 미국 독립기념관을 향해 행진하고, 서울에서 발표된 독립선언서를 낭독하기도 했지.

필라델피아 한인대표자대회 시가 행진
1919년 3·1운동이 일어나고 한 달 후 미국 내 한인들이 모여 조국 독립을 염원하며 행진하는 모습이야. 필라델피아시는 군악대를 지원해 주었어.

3·1 운동은 한일병합조약이 무효임을 주장함과 동시에 한국이 자유 민주공화국으로서 독립을 선언한 운동이야. 그 기반은 이승만이 집필했던 '독립정신'에 두고 있었지. '개인의 자유

와 평화'라는 기독교 정신을 그대로 실천함으로써, 세계 최초의 비폭력 독립 투쟁을 벌인 거란다.

스코필드가 찍은 3·1운동 당시 사진
스코필드는 한국을 사랑했던 캐나다 출신 의료선교사야. 3·1운동을 주도한 민족대표 33인에 더해 제 34인으로 불리지. 그가 찍은 사진들은 해외에 조선 독립의 열망을 알리는 증거가 되었단다.

제암리 학살사건 현장
스코필드는 학살 현장에 자전거를 타고 가서 직접 사진을 찍어 해외에 알렸단다.

일본의 보도 통제 때문에 3·1 운동은 세계에 잘 알려지지 않았어. 이를 조선에 살고 있던 선교사들이 알리기 시작했지. 스코필드(한국 이름 '석호필') 선교사는 제암리 학살 현장에 자전거를 타고 가서 본인의 카메라로 사진을 찍어 이승만에게 보냈고, 이승만은 그 사진을 미국 기자들에게 보내면서 전 세계 언론에 알리는 역할을 했어.

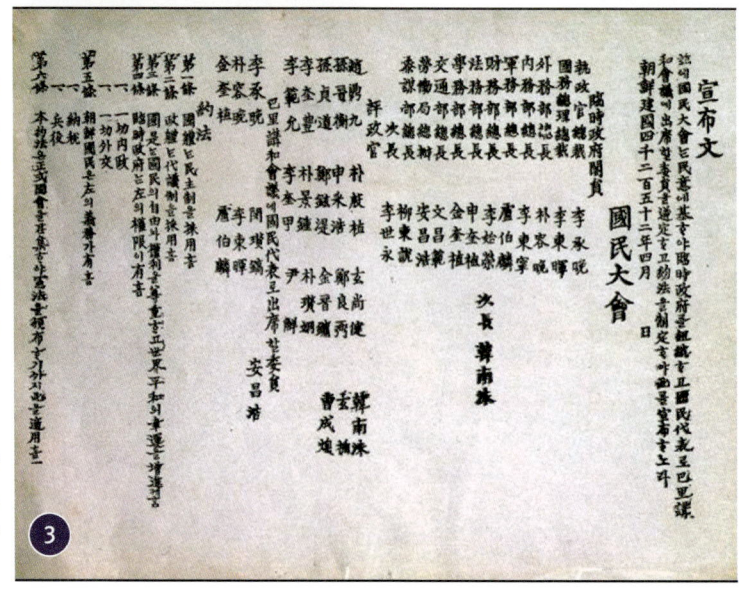

1. 국무총리 임명장
1919년 4월 11일, 상해 대한민국 임시 의정원에서 이승만을 대한민국 국무총리로 선출했음을 알리는 이동녕 의장의 임명장이야.

2. 미국 교포들이 만든 우편엽서
서울에서 선포된 한성 임시정부의 집정관 총재로 이승만이 선출된 뒤 미국 교포들이 만든 우편엽서란다.

3. 한성 임시정부 선포문
이승만을 집정관 총재로 뽑았다는 사실을 알리는 한성 임시정부의 1919년 4월 23일자 선포문이지.

3·1 운동의 영향으로 곳곳에 임시정부가 세워졌지. 그리고 모든 임시정부의 주요 지도자로 이승만이 추대됐어. 러시아 노령 임시정부와 상해 임시정부에서는 국무총리로, 한성 임시정부에서는 집정관 총재로 말이야.

오랫동안 교육자 생활을 했을 뿐만 아니라 최고 수준의 학력으로 조국의 독립을 위해 긴 시간 노력했던 것을 인정했기 때문이겠지. 그리고 곳곳에 나뉘었던 임시정부가 1919년 9월, 상해 통합 임시정부로 합쳐지면서 임시 대통령으로 이승만이 추대됐단다.

추대(推戴)
윗사람으로 떠받듦

집정관 총재(執政官 總裁)
정권을 잡고 있는 최고 관리

가운데 꽃 목걸이를 한 사람이 이승만이다옹

상해 임시정부 초대 대통령 이승만 환영식
왼쪽부터 손정도, 이동녕, 이시영, 이동휘, 이승만, 안창호, 박은식, 신규식 등이야. 1919년 9월 상해에 세워진 대한민국 통합 임시정부의 초대 대통령도, 29년이 흐른 뒤 수립된 대한민국 합법 정부의 초대 대통령도 이승만이었단다. (1920)

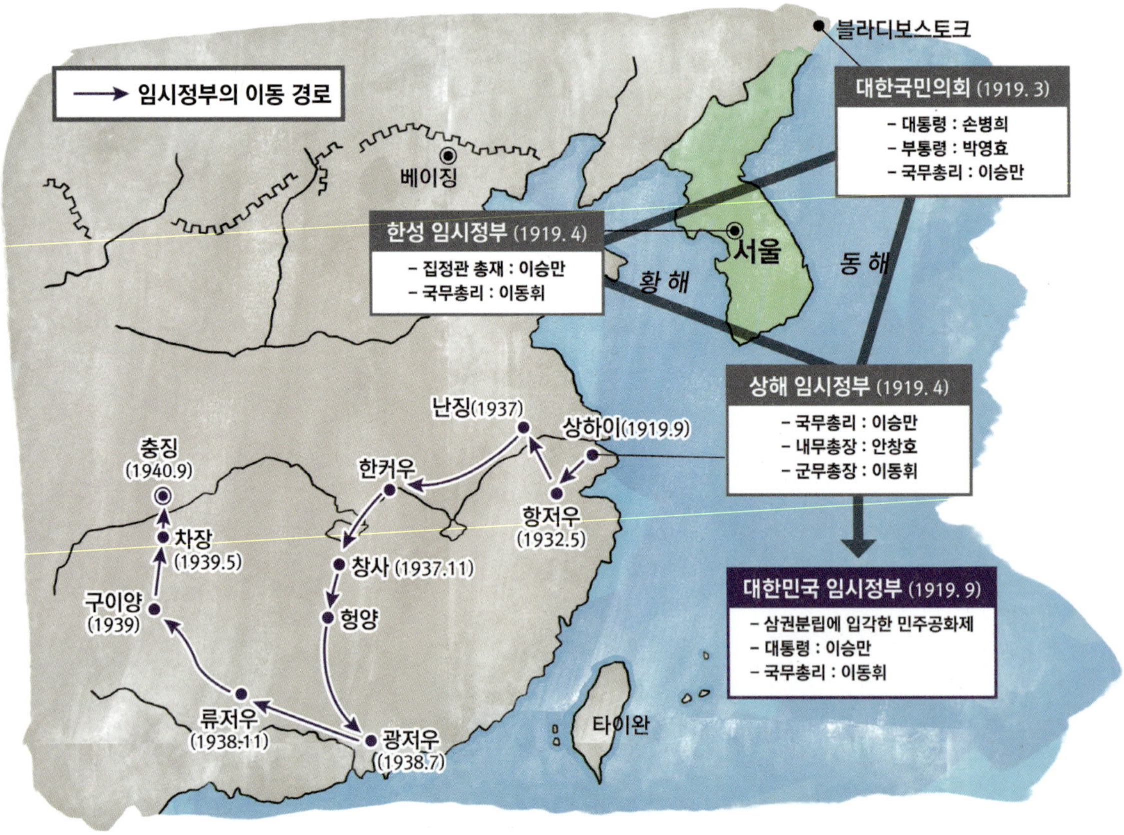

임시정부의 이동 경로

필라델피아 한인대표자대회 이후 '구미위원회(한국위원회)'라는 단체를 만들었어. 이들은 독립운동 자금을 모아 상해 임시정부에 보내거나 세계 각지에서 출판되는 독립운동 관련 책의 보급을 지원했지. 또 미국 의회에서 조선의 독립에 대해 토론하게 하기도 했어. 이렇게 국제 사회에서 꾸준히 독립 문제가 드러날 수 있도록 노력했던 구미위원회는 대한민국 정부 수립 때까지 유지됐고, 이후 주미대사관으로 이름을 바꾸게 됐단다.

외교를 통한 독립운동

임시정부 내에서도 외교독립론과 대립하는 무장투쟁론을 주장하는 사람들이 있었지. 그런데 이승만은 왜 계속 외교독립론을 주장했을까?

1. 워싱턴 사무실에서 집무하는 이승만 임시 대통령의 모습(1922. 1)
2. 김좌진 장군의 청산리 전투 승전 기념(1920)
3. 1920년 무렵 러시아 연해주에서 활동한 독립군

우리나라 독립군은 가장 강력했을 때 숫자가 3천 명, 많아야 5천 명 정도에 불과했어. 반면 일본은 세계 3대 군사 강국이었고, 전성기에는 700만 대군을 거느렸지. 항공모함이 있었고, 전투기를 몰고 돌진했어.

그런데 무기도 제대로 갖추지 못한 3천 ~ 5천 명의 독립군이 700만 대군을 물리칠 수 있었을까? 무력 투쟁이 현실적으로 불가능했기 때문에 외교적인 방법을 사용할 수밖에 없었던 거야.

물론 열악한 상황에서도 독립군은 있는 힘을 다해 싸웠어. 우리가 잘 아는 청산리대첩을 보면, 김좌진 장군이 이끄는 독립군의 숫자는 너무나 적었지만, 탁월한 지혜와 용맹을 발휘해서 빛나는 승리를 거뒀지.

독립을 위해 정말 많은 분들이 목숨을 걸고 싸웠다옹

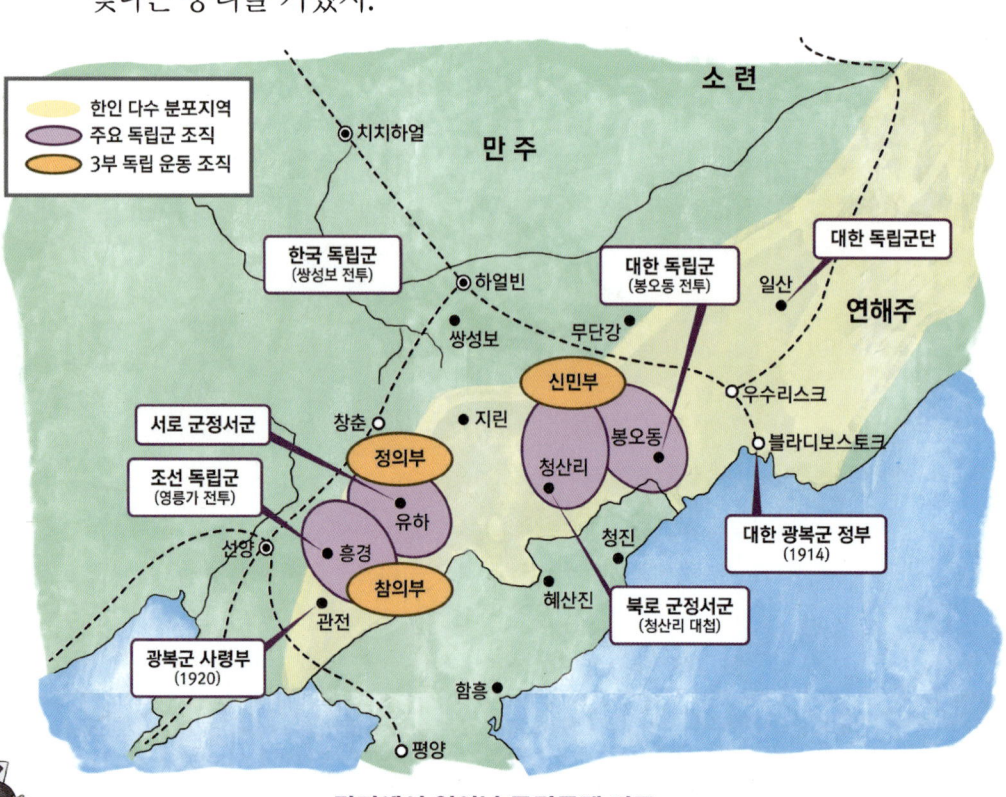

각지에서 일어난 무장투쟁 지도

하지만 일본은 자기 나라에 1천 2백여 명의 사상자를 냈다는 이유로 간도 이주자들의 집을 2천 5백 채 이상 불태우는 간도 참변을 일으켰어. 수많은 조선인이 죽었고, 때로는 성폭행 당한 뒤 불태워지기도 했지. 이어 한국 무장 독립투쟁 사상 최대의 비극인 자유시참변으로 인해 독립군은 거의 없어지게 된단다.

간도 (間島)
만주 길림성 동남부 지역으로 중국 현지에서 연길도라고 부르는 지역

무장투쟁으로 일본군이 한 명 죽으면 조선 백성이 100명씩 죽어 나간다. 우리 민족이 학살되고 멸절되어 살아서 독립을 보지 못한다면 그 독립이 무슨 의미가 있는가....!

이승만

간도참변
봉오동, 청산리 전투에 대한 일본군의 보복으로 간도 이주민들에게 행해진 끔찍한 사건이었어.(1920)

이승만은 우리 동족 한 사람이라도 더 살아서 독립을 맛보도록 하는 것이 가장 중요하다고 생각했어. 그래서 외교적인 방법을 총동원해서 우리나라가 독립할 수 있도록 노력했지.

자유시참변

1921년 6월 28일, 일제와 비밀 합의를 맺은 소련의 붉은 군대(레닌을 지지하는 볼셰비키파, 적군)와 그 꼭두각시인 한인 공산당 세력이 러시아 자유시(스보보드니)로 대한독립군단(상해 임시정부 지지)을 유인하여 몰살시킨 항일 무장 투쟁 역사상 최대의 참변이다. 독립군 3천 5백 명 중 1천여 명이 사살됐고, 1천 8백여 명은 실종되거나 포로로 잡혀가서 비참한 노예 생활을 했으며, 살아서 도망친 숫자는 700여 명에 불과했다.

한인 공산주의 독립군이 소련 공산당과 손잡고 동포인 독립군을 공격했던 비참한 사건을 목격한 이후, 김좌진 장군은 철저한 반공주의자가 됐다. 그리고 이승만이 이끌었던 상해 임시정부는 모든 사회주의자와 관계를 끊고, 이후 어떤 연합도 시도하지 않았다. 소련군이 몰살시킨 대한독립군단은 청산리와 봉오동 전투를 승리로 이끌었던 항일 무장 독립군의 주력이었다. 그런데 자유시참변으로 인해 무장 독립군은 **궤멸**되었고, 우리 민족은 1945년 해방될 때까지 두 번 다시 대규모 무장 투쟁 병력을 갖출 수 없었다.

독립군이 무너진 이유가 공산주의자들 때문이었다냥!

외교 중에도 여러 방법이 있는데, 이승만은 **친미 외교**를 펼쳤어. 왜 미국이었을까? 대한제국 시기(1897~1910), 강대국들의 땅에 대한 욕심이라는 관점에서 보면 명확하게 알 수 있어.

한반도를 둘러싸고 있는 일본, 중국, 러시아는 우리나라 영토에 대한 야심이 있었지. 그런데 미국은 우리나라와 태평양을 사이에 두고 멀리 떨어져 있기도 했고, 땅이 넓고 자원도 많았어. 그래서 가난한 나라를 욕심 낼 이유가 없었지.

또 미국은 세계 3대 군사 강국이었던 일본을 물리칠만한 유일한 나라였어. 그래서 '대륙 세력이 아닌 해양 세력과 가까이 지내야 우리나라가 잘 살 수 있다'라고 예견했던 이승만은 친미

궤멸(潰滅)
무너지거나 흩어져 없어짐

친미 외교(親美 外交)
미국과 친하게 지내며 정치·경제·문화적 관계를 맺는 일

외교를 펼칠 수밖에 없었던 거야. 그는 한성감옥 시절부터 "일본은 조선을 차지하고 거기서 멈추지 않을 것이다. 저 만주벌판으로 진격하고 나중에는 광활한 중국을 차지하기 위해서 공격할 것이다. 일본이 조선, 만주, 중국을 차례로 차지하고, 마침내는 태평양을 가로질러 미국과 한판 대결을 벌이게 될 것이다"라고 예언했단다.

이승만이 외교 독립운동의 한 방법으로 미국 50개 주를 두루 다녔을 때, 가는 도시마다 "언젠가는 일본과 미국이 전쟁하여 미국 사람이 수없이 다치게 된다. 그러니 미국인들의 생명을 구하려면 한국을 독립시켜야 한다"라고 연설을 했어. 그런데 미국인들은 동조하지 않았지. 당시 국제 정세는 그의 예측과 다르게 흘러가고 있었기 때문이야.

미국 전역을 다니며 강연하던 시절의 이승만(1933.9)

동조 (同調)
남의 주장에 자신의 의견을 일치시키거나 보조를 맞춤

'일본이 저렇게 조그만 섬나라인데, 어떻게 거대한 중국에 쳐들어가겠어? 또 일본은 싹싹하고 예의 바른 데다 우리 미국

과는 가깝게 지내는데, 갑자기 배신하겠어? 어떤 놈이 그런 소리를 하는 거야?' 하며 오히려 비난했단다.

하지만 계속해서 같은 주장을 펼치는 이승만에게 '독립에 미친 늙은이' 혹은 '늙은 악당'이라는 별명을 붙이며 손가락질했어. 한국을 독립시키는 것에 미쳐서 거짓말을 하고 다니고, 미·일 간의 좋은 관계를 이간질하는 악당이라며 말이야. 이승만은 40여 년간 이런저런 수모를 겪으면서도 끊임없이 "결국 일본이 전쟁을 일으키게 된다. 한국을 도와야 미국에도 이익이 된다"라는 주장을 굽히지 않았지.

아무도 이승만의 말을 믿지 않았다옹

2. 독립운동가 이승만 **95**

현상금
(懸賞金)
무엇을 구하거나 사람을 찾는 일 따위에 내건 돈

밀항
(密航)
법적인 정식 절차를 밟지 않고 배나 비행기로 몰래 외국에 나감

1919년, 이승만은 임시정부 대통령이 됐지만, 미국에서 외교 독립운동을 하느라 상해로 바로 가지 못했어. 그리고 일본은 이승만에게 30만 달러의 현상금을 걸었지. 그 무렵 조선 독립운동가에게 걸렸던 현상금 가운데에서도 가장 큰 금액이었지만 그렇게까지 해서라도 잡아야 했던 이유가 있어. 일본이 봤을 때, 이승만은 천황 폐하에게 순종하지 않는 반역자 중에 최고 우두머리였거든. 그러니 자유민주주의 국가를 세운다하면서 독립운동을 하는 것이 싫을 수밖에 없었겠지.

자신에게 어마어마한 현상금이 붙어있으니 하와이에서 상해까지 가는 것이 힘들 거라 생각했는데, 그때 도움을 준 친구가 보스윅이야. 그는 하와이에서 중국인들이 죽으면 시신을 실어 중국까지 운반하는 일을 했거든. 그래서 이승만을 상해로 직행하는 운송선에 태워 입국할 수 있도록 도와줬지. 그렇게 11월 16일, 이승만은 중국인 옷을 입고, 시체를 담은 관에 실려 밀항하게 된단다.

중국인으로 변장한 이승만
대한민국 임시정부 대통령 부임을 위해 비밀리에 상해로 건너가 머무는 동안 일본 경찰의 눈을 피하느라 중국인으로 변장한 이승만의 모습이야.(1921.4)

민국 2년 동짓달 (열여섯 날)
하와이에서 멀리 가는 손님이 남몰래 배를 탔다.
겹겹의 판자문 속에 난롯불은 따뜻했고
사면이 철벽이라 실내는 캄캄했다.

내일 아침 이후엔 산천도 아득하겠지만
이 밤이 다가기 전에는 세월이 얼마나 지루할까.
태평양 바다 위를 두둥실 떠서 가니
이 배 안에 황천이 있는 줄 그 누가 알리요.
(이때 관 속에 든 중국인의 시체가 우리 옆에 있었다.)

- 우남 이승만 한시집(2019, 박기봉 옮김, 비봉출판사)

시체 운반?
으냐악!!

어렵게 들어온 상해에서도 신변 불안은 여전했어. 그리고 사람들은 이승만이 많은 독립 자금과 좋은 정책을 가져왔을 거라 기대했는데, 기대에 못 미치는 현실에 크게 실망했지. 또 파리 강화회의에 참석하지 못한 것과 위임통치 청원서 건으로 비난하기까지 했어. 이승만은 이런 상황을 수습해보려고 노력했지만 뜻대로 되지 않았고, 결국 미국으로 다시 돌아갔단다.

만주사변으로 인해 일본이 전쟁을 일으킬 것이라고 했던 이승만의 주장이 들어맞기 시작했지. 기회를 놓칠 수 없었던 이승만은 일본의 만주 침략을 규탄하기 위해 열렸던 제네바 국제연맹 총회에서 한국의 독립을 호소하려고 했어. 하지만 일본의 압력으로 총회에서 정식 논의되지 못했지. 그 대신 각국 기자들에게 일본의 악행을 폭로했고, '뉴욕타임스' 등에 이러한 내용이 실리게 돼.

만주사변(滿洲事變)
1931년 일본이 일으킨 만주 침략 전쟁으로 이후에는 중일전쟁과 태평양전쟁을 차례로 일으킴

1. 제네바의 국제연맹본부 앞에 선 이승만(1933)
2. 스위스 신문에 실린 이승만

제네바에서 격주로 발간되던 '라 트리뷴 도리앙(La Tribune d'orient)'지의 1933년 2월 21일자 1면에 실린 이승만의 기사야. 만주 문제와 동양 정치를 논하는 이승만의 경력과 그의 주장을 자세히 소개했지.

이승만은 제네바에서 일생을 함께할 영혼의 동반자를 만나게 되는데, 바로 프란체스카 도너라는 오스트리아 여인이야. 그녀는 어머니와 함께 프랑스 여행을 마치고 제네바에 들렀어. 우연히 한 식당에서 이승만과 같은 테이블에 앉으면서 운명적인 만남이 이루어졌어. 그렇게 국적 없는 망명객 신분이었던 이승만과 유대인 출신 프란체스카는 1934년 10월, 뉴욕에서 결혼식을 올리게 된단다.

한인교포들은 이승만의 국제결혼을 못마땅하게 여겼어. 하지만 한복을 입고 김치와 고추장을 담그며 누구보다 한국을 사랑해서 한국의 독립을 위해 힘쓴 프란체스카의 열심이 교민들의 마음을 누그러뜨렸지.

이승만과 프란체스카
신혼여행을 마치고 1935년 1월 하와이에 도착한 이승만 부부야.

2. 독립운동가 이승만　**99**

태평양전쟁을 예견한 책, '재팬 인사이드 아웃'

중일전쟁
이 전쟁을 시작으로 일본제국이 패망으로 치달아 한국의 독립이라는 기쁜 선물을 낳은 반면, 중국 대륙의 공산화라는 비극적인 결과를 낳았단다. 중일전쟁 당시 중국인들은 일본군을 일본악마(日本鬼子)라 부르기도 했지.

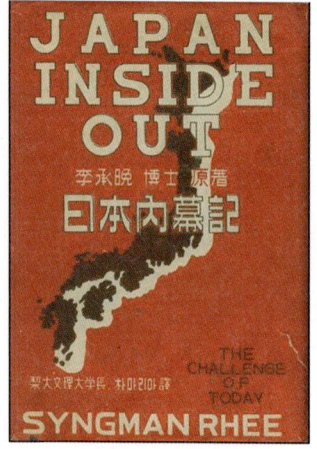

재팬 인사이드 아웃 (JAPAN INSIDE OUT, 일본내막기)
이승만이 쓴 영문저서로 뉴욕의 프래밍 레벨사에서 출판됐어.(1941.6)

1931년에 만주사변이 일어났고, 1937년에는 중일전쟁이 일어났으며, 1939년에는 제2차 세계대전의 조짐이 보이기 시작했어. 그러자 이승만은 일본 군국주의의 실체를 역사적으로 밝히면서, '일본이 곧 미국을 공격하게 될 것'이라는 내용을 영어로 정리해서 한 권의 책을 냈지. 그것이 바로 '재팬 인사이드 아웃(JAPAN INSIDE OUT)'이야. 한국어로는 '일본내막기(일본의 가면을 벗긴다)'라는 제목이지.

이 책이 미국에서 처음 출판됐을 때, 몇몇 지식인들은 뜨거운 반응을 보였어. '대지'라는 소설로 1938년 노벨문학상을 받았던 펄 벅 여사는 "이 책은 무서운 책이다. 나는 이것이 진실이 아니라고 말할 수 있기를 바라지만 너무나 진실인 것이 두렵다"라고 말할 정도였지.

펄벅(Pearl Buck) 여사

선교사의 자녀로 어린 시절부터 중국에 살며 겪었던 이야기를 소설로 써서 큰 인기와 명예를 얻었어. 40대에 미국으로 돌아와 동서양, 여성과 아이, 인종을 아우르는 인권운동가로 활동했지.

'대지 (The GOOD EARTH)'

미국의 여성작가 최초로 노벨 문학상을 수상한 펄 벅의 대표작(1931 출판)이야.

1941년 12월, 일본은 결국 미국 영토인 하와이 진주만을 기습 공격했단다. '재팬 인사이드 아웃(JAPAN INSIDE OUT)'이 출판된지 5개월 후의 일이야. 미군 2천 명 이상이 죽었던 이 전투는 태평양전쟁으로 이어졌고 수많은 미국 청년이 목숨을 잃게 됐지.

이렇게 이승만의 예언이 맞아떨어지면서 '재팬 인사이드 아웃(JAPAN INSIDE OUT)'은 베스트셀러에 올랐고, 미군들이 꼭 읽어야 할 책이 됐어. 이것은 이승만을 재평가하게 되는 계기가 됐고, 미국은 대한민국 독립과 그 이후까지 많은 도움을 주게 된단다.

하와이 진주만 공습
진주만에 정박해 있던 미국 태평양 함대를 일본이 기습 공격한 사건으로 미국 전함 5척, 비행기 200여 대가 부서졌고 미군 2천여 명이 목숨을 잃었어.(1941.12)

태평양전쟁 이후, 이승만의 외교 업적은 하나 둘 구체적인 열매를 맺게 됐어. 일본과 전쟁 중이던 미국은 자국 내에 있는 일본인들을 적국민으로 취급하고 있었지. 그런데 일본의 식민지라는 이유만으로 한국인도 똑같은 대우를 받았어.

적국민
(敵國民)
전쟁 상대국이나 적대 관계에 있는 나라의 국민

이승만이 이런 부당한 대우에 대해 청원서를 냈는데, 미국 법무부로부터 받아들여졌지. 이것이 별거 아닌 것으로 보일 수 있지만, 한국인을 적국민 명단에서 제외한 것은 '한국을 일본과 동일시하지 않겠다'라는 뜻으로, 장차 한국이 독립하게 되는 중대한 첫걸음이라고 볼 수 있는 사건이야.

한편 해외에 있던 대부분의 독립운동가는 편의상 중국이나

미국 국적을 가졌어. 하지만 이승만은 끝까지 국적 없는 망명객 신분으로 살았지. 그래서 미국 영토 밖으로 나가려면 매번 번거로운 절차를 거쳐야 했지만, 미국 국적 취득을 권유받을 때마다 "한국이 곧 독립할 것이므로 필요 없다"라는 말로 거절하곤 했어. 이승만의 확신과 온 국민의 바람대로 독립의 시간은 점점 다가오고 있었지.

일본인 강제 격리수용
진주만 공습 이후 이에 대한 응징으로 미국 루스벨트 대통령은 일본계 미국인 11만 명을 적국인(Enemy Aliens)으로 지정하고 강제 격리수용 조치를 취했어.(1942)

카이로 선언과 8·15 해방

제2차 세계대전이 연합국의 승리로 끝나갈 쯤, 1943년 11월 카이로에서 미국의 루스벨트 대통령, 영국의 처칠 수상, 중국의 장개석 총통이 모여 전쟁 이후 일들에 대해 논의하는 회담이 열렸는데, 이것을 '카이로 회담'이라고 해.

카이로 회담
(왼쪽부터) 장제스 중국 총통, 루스벨트 미국 대통령, 처칠 영국 수상이 만나 전후 처리 문제에 합의하면서 한국의 독립에 대한 결정적인 언급을 하지.

카이로 회담에서 결의한 선언에는 누구도 예상치 못한 내용이 포함되어 있었어. 그 당시, 강대국에 의해 식민지 통치를 받는 나라는 한국뿐만 아니라 베트남, 캄보디아, 인도네시아, 싱가포르, 인도 등 여러 아시아 국가들을 포함해서 전 세계적으로는 100여 개 국이 넘었지.

> 한국 국민이 노예 상태에 놓여 있음을 유의하여 앞으로 적절한 과정을 통해 한국을 자유 독립국으로 할 것을 결의한다.
> – 카이로 선언 中 –

그런데 유독 한국을 지목해서 "노예 상태에 놓여 있다"라는 표현까지 써가며 독립을 보장하는 이른바, '카이로 선언'이 발표됐던 거야. 우리 민족에게는 마치 독립선언서나 다름없었어. 그래서 대한민국이 유엔을 통해 한반도 유일의 합법 정부로 인정받을 때, 이 선언이 중요한 단서로 작용했었지.

카이로 선언문은 루스벨트 대통령의 특별 보좌관인 해리 홉킨스가 초안을 만들고, 루스벨트와 처칠이 조금 수정을 하기는 했지만 골격은 그대로 채택되었어. 이승만이 한국의 독립을 요구하는 편지를 3차례나 보냈던 것이 영향을 끼쳤던 것으로 볼 수 있지. 루스벨트와 해리 홉킨스가 그 내용을 주목하겠다는 회신을 보냈었거든.

> **유엔 (UN)**
> United Nations, 국제 연합기구

카이로 선언은 1945년 7월 미국, 영국, 중국, 소련의 지도자들이 모여 일본에 대한 조건 없는 항복을 요구하는 '포츠담 회담'으로 이어졌어. 그런데 일본은 포츠담 회담을 무시하고 승리할 때까지 싸우겠다고 고집을 부렸어.

미국은 어쩔 수 없이 1945년 8월 6일 히로시마와 8월 9일 나가사키에 원자폭탄을 떨어뜨렸어. 그리고 1945년 8월 15일 무조건 항복을 선언하는 일본 왕의 떨리는 목소리가 방송을 타고 전 세계에 퍼져나갔지.

카이로 선언이 중요한 역할을 했구나!

우와! 대박이다!!

히로시마 원폭 버섯구름
두 차례의 원폭 투하로 히로시마에서 14만 명, 나가사키에서 7만 명이 숨졌고 방사능 피폭으로 고통당한 사람들 역시 수만 명이 넘었지.(1945.8)

원폭 투하 후의 히로시마 전경
1945년 8월 6일 역사상 최초로 원자폭탄이 투하되었어. 대부분의 건물이 폭풍에 날아가거나 불타 없어지는 등 폐허로 변해버린 히로시마의 처참한 광경이야.

대한 독립 만세!!!!

대한 독립 만세!!!!

그토록 꿈에 그리던 독립이 이뤄진 거란다. 우리 힘으로 얻어낸 독립이라면 정말 좋았겠지만, 엄밀히 말하면 일본과의 전쟁에서 미국이 이긴 덕분에 우리가 해방을 맞게 된 것이었어. 그래도 이승만이 오랜 세월 외교 독립 투쟁을 하지 않았다면 카이로 선언에 한국 독립 조항이 들어가지 못했을지도 몰라. 그러면 우리나라는 자유와 해방을 얻는 데 더 많은 시간이 필요했겠지.

3

대한민국 건국 대통령
이승만

공산국가가 될 위기에서 대한민국을 건져내다

연합군에 대하여 항복 문서에 서명하는 일본 대표
태평양전쟁에서 패전한 뒤 일본 도쿄만에 정박한 미군 전함 미주리호 위에서 항복 문서에 서명하는 시게미쓰 마모루 일본 외무대신이야. 맥아더 장군(왼쪽 마이크 앞)과 미군 장병들이 지켜보고 있어.(1945.9.2)

1945년 8월 15일, 해방을 맞이하면서 우리나라 국민은 독립된 국가가 바로 세워지는 줄 알고 기뻐했어. 하지만 한반도는

38선을 중심으로 남북으로 나뉘어, 각각 미군과 소련군에게 점령당했지. 그래서 공산주의와 자유민주주의 세력이 극심하게 대립하는 혼란스러운 현실을 맞닥뜨렸어.

미군과 소련군이 한반도에서 만난 모습
안타깝지만 미국과 소련 사이에서 우리 백성들은 아무것도 할 수 없었지.

해방 직후, 건국 흐름을 주도하려고 나섰던 것은 공산주의자들이었어. 미군보다 소련군이 먼저 한반도에 들어와 있었거든. 또 미국은 소련과 합의하여 좌우합작 정부를 세우려 했는데, 이승만은 "대한민국은 반공 국가여야 하며, 공산주의와 공존할 수 없다"라고 분명히 했지.

1945년 10월에 귀국한 이승만은 라디오 연설을 통해 "한국인이 하나로 뭉쳐 총선거를 치르고, 완전한 독립 국가를 세워야 한다"라고 주장했어. 소련이 한국의 독립을 방해하지 못하도록 한국인의 대동단결이 필요하다고 생각했기 때문이야.

좌우합작(左右合作)
좌익과 우익 세력이 연합하는 것을 의미. '좌'와 '우'의 개념은 시대와 나라마다 다르지만 건국 당시, '좌익'은 사회주의와 공산주의를, '우익'은 자유주의와 민주주의, 그리고 민족주의를 지지하는 세력을 의미

이승만이 김구와 하지 중장을 만나게 하는 사진

해방 직후 좌우합작을 지원했던 미국 하지 중장과 좌우합작을 반대하던 이승만은 잦은 갈등을 빚었단다. 사진은 김구(중앙)와 그의 숙소인 경교장으로 방문했던 하지 중장(오른쪽)이야.(1945.11)

뭉치면 살고 흩어지면 죽습니다!

한국인이 하나로 뭉쳐 총선거를 치르고 완전한 독립국가를 이룹시다!

당연한 거 아냐??

이승만

신탁통치 절대반대 시위
서울에서 열린 반탁 시위 장면이야. 우익은 신탁통치에 반대한 반면, 좌익은 처음엔 반대하다가 소련의 지령으로 찬탁으로 돌아섰단다.(1945.12.31)

신탁통치 절대지지 시위
조선공산당이 주도한 찬탁 시위 장면이지.(1946.1.3)

그러던 중 1945년 12월, '모스크바 3상 회의 선언문'이 발표된단다. "한반도에 임시정부를 수립하여 연합국(미국, 영국, 중국, 소련)이 공동으로 5년간 **신탁통치**를 하고, 이것을 실행하기 위해 '미소 공동위원회'를 설치하자"라는 내용이었지. 하지만 2차례에 걸친 미소 공동위원회는 아무런 성과를 내지 못하고 끝났어. 미국은 좌우합작 정부 수립을 원했고, 소련은 좌익정부 수립을 원했기 때문이지.

미국과 소련이 옥신각신할 때, 북한은 연합국의 '통일 정부 수립안'과는 상관없이 움직였어. **스탈린**의 지령에 따라 1946년 2월 8일, 북한 최고 정권 기관인 '북조선 임시 인민 위원회'를 만들고, 토지개혁법을 발표하는 등 이미 공산 혁명을 시작했던 거야. 그렇게 북한이 먼저 단독 정부 수립의 움직임을 보이면서 남북 분단은 현실화 됐지.

남한의 사정은 어땠을까? 좌우합작 정부를 세우길 원했던 미국이 대한민국 건국에 있어서 큰 걸림돌이었어. 게다가 김구,

신탁통치
(信託統治)
자치능력이 부족하여 정치적 혼란이 우려되는 지역을 잠정적으로 위임 통치하는 것

스탈린
(Stalin)
1924년부터 1953년까지 소련 공산주의 지도자로 전 세계를 공산화하는 데 지대한 영향을 끼침. 무자비한 숙청과 공포 정치로 수천만 명을 죽게 한 독재자

북한의 사실상 단독 공산정권 수립

북조선임시인민위원회 성립 경축 대회 사진이야. 아래로 내린 현수막에 "임시인민위원회는 우리의 정부이다"라고 쓴 것이 또렷이 보이지.(1946.2.8)

김규식, 여운형 등 대부분의 지도자 역시 공산주의의 실체를 제대로 알지 못한 채, '우리 민족이 두 동강 나서는 안 된다'라는 일념으로 좌우합작에 찬성하고 있었지. 자유민주주의 국가를 세운다는 것은 정말 힘든 일이었단다.

1946년 2월, 소련은 북한에 공산 정부를 세우며 한반도 공산화 작업에 빠른 속도를 내고 있었어. 조직적으로 공산국가를 세워가던 북한과 달리 남한은 미국과 소련의 기약 없는 합의만 기다려야 했지. 자칫하다가는 남한마저 공산화될 수도 있는 위험한 상황에서 미소 공동회담은 무기한으로 미뤄졌어. 그래서 이승만은 1946년 6월, 전북 정읍에서 '남한만이라도 임시정부를 수립해야 한다'라고 연설을 했단다. 북한에 이미 공산 정권이 들어선 것을 알고 있었던 거지.

"무기 휴회 된 미소 공동위원회가 다시 시작될 기색도 보이지 않으며, 통일 정부를 고대하나 여의케 되지 않으니, 우리는 남한만이라도 임시정부 혹은 위원회 같은 것을 조직하여 38선 이북에서 소련이 철수하도록 세계 공론에 호소하여야 할 것이니 여러분도 결심하여야 할 것이다."

한반도를 반으로 나누어서라도 대통령이 되고자 하는 권력욕 때문에 이런 말을 했다고 주장하는 사람이 있어. 그것이 남북 분단의 원인이라고 비난하면서 말이야.

하지만 정읍 발언은 남한만이라도 소련 공산주의의 노예가 되는 것을 막고자 하는 것이었어. 국내외 정치 현실에 대한 혜안과 미래 예측 능력에서 비롯된 소신이 담긴 발언이었지.

이승만의 정읍 발언 기사

서울신문 1면에서는 '남한 단독정부 수립'을 주장한 이승만의 발언을 보도했어. 정읍 발언은 북한이 단독 정권을 먼저 수립했으니 남한만이라도 공산화를 막고자 했던 발언이었어.(1946.6.3)

전 세계가 공산주의에 호의적이었는데, 이승만은 어떻게 반공을 외칠 수 있었을까? 먼저, 그가 독실한 기독교인이었기 때문이야. 기독교 정신을 바탕으로 하는 자유민주주의와 공산주의는 공존할 수 없다는 것을 알았던 거지. 자유를 억압하고, 교회를 파괴할 것이 뻔한 공산주의를 용납할 수 없었어.

혜안 (慧眼)
모든 현상을 꿰뚫어 보는 지혜의 눈

두 번째는, 소련의 수도인 모스크바에서 공산주의의 실체를 봤기 때문이야. 이승만은 모스크바에서 한 미국인을 만났어. 그는 "소련을 돌아다니면서 굶어 죽은 농민들의 시체가 널려있는 것을 직접 봤는데, 오스트리아나 헝가리 등 유럽의 농민들보다 소련의 농민들이 더 힘들게 살고 있다"라는 말을 했지. 공산주의는 '인민의 지상낙원'이라고 선전하지만 사실은 인민을 굶겨 죽이는 체제라는 것을 알게 돼.

말로만 들으면, '평등 사회'를 외치는 공산주의가 세상에서 가장 아름다운 사상이라고 느낄 수도 있어. 그래서 수많은 지식인도 호의적이었지. 그런데 이승만은 공산주의의 위험한 실체를 꿰뚫어 보고 외로운 싸움을 했고, 세계 최초로 공산주의의 멸망을 예언하기도 했단다.

"인간에게는 자유로워지고자 하는 본성이 있다. 그런데 공산주의는 그 인간의 기본적이고 원초적인 본성, 신이 인간에게 준 고귀한 자유를 박탈하기 때문에 결국은 멸망할 수밖에 없다."

공산국가에서는 평등이라는 이유로, 열심히 일하는 사람이나 일하지 않은 사람이나 성과를 똑같이 나눠줘. 그러면 누구나 적게 일하고 돈을 받으려고 하지, 누가 열심히 일하려고 하겠어? 그렇게 시간이 흐르면 원시적인 사회가 되고 말지. '경쟁'이

이승만

부자들의 돈을 뺏어 공평하게 나눈다면 그들의 양반 노릇은 없어질지도 모르지만, 기업 간의 경쟁 또한 없어지게 된다

그러면 사람의 지혜를 활용하지 못하게 되고, 현재의 풍요로움과 편안한 의식주 생활을 가능하게 하는 모든 것들은 더 이상 발전하지 못해

이승만이 쓴 '공산당의 당부당'에 나온 이야기다냥

이승만의 발언 68년 후
소련 공산당 몰락

자본주의 국가는 놀랍게 기술이 발전했는데 우리 소련은 기술 발전이 없으니 공산주의는 멸망할 수밖에 없다!

소련의 정치가
미하일 고르바초프

공산당의 당부당(當不當)

공산정권 등장 6년 후인 1923년 〈태평양〉에 발표된 이승만의 논문으로 공산주의의 '합당한 것과 부당한 것'을 정확하게 꿰뚫어 봄. 세계 최초로 공산주의의 모순을 분석하고 종말을 예견한 글

라는 단어가 사라지면 편하긴 하겠지만 그만큼 기술이나 사회의 발전이 더딘 것도 사실이니까 말이야.

그래서 이승만은 "우리가 비록 약소국이고 이제 갓 식민지에

서 해방됐지만, 국민을 보호하고 나라를 발전시키기 위해서 공산주의를 반대해야 한다"라며 미국과 한 치의 물러섬도 없이 팽팽하게 맞섰어.

미국은 좌우합작 정부를 원하지만

대한민국은 공산주의와 절대 공존할 수 없다!!

국민을 보호하고 나라를 발전시키기 위해서 공산주의는 절대 안돼!

미국 군정 사령관 존 하지는 "이승만 박사는 한국의 정치가

중에서 너무나 위대한 분입니다. 나는 개인적으로 그가 유일하게 위대한 분이라고 말하기까지 합니다. 그런데 그 위대한 이승만이 공산주의에 대한 공격을 멈추지 않는 한 그는 새로 수립되는 대한민국 정부에서 어떠한 자리도 차지하지 못할 것입니다"라고 했지. 그래서 미국의 주장에 반대하는 이승만을 집 밖으로 못 나오게 하거나 모든 우편물을 차단하고 전화선까지 끊어버렸어. 전 세계 언론은 반공주의자 이승만을 '전쟁광'이라며 비난했지. 게다가 공산주의를 따르던 남로당을 비롯한 좌익들은 이승만에게 총을 쏘거나 자택에 폭탄을 설치하는 등 암살을 여러 차례 시도하기도 했어.

남로당(南勞黨)
남조선노동당의 줄임말. 1946년 11월 서울에서 결성된 공산주의 정당

수많은 암살 위기를 넘기며, 이승만이 미국과 남로당 그리고 일부 세계 언론들과 싸우고 있는 사이, 국제 정세가 신기하게 흘러가고 있었단다.

어느 나라나 좌우합작을 주장하는 정치인들이 인기가 있었고, 국민 또한 좌우합작 정부가 세워지는 것에 찬성했지. 그런데 시간이 지나면서 우파 지도자들이 의문의 교통사고를 당하거나 암살 혹은 실종으로 사라지는 일이 잦았어.

암살???!!

북한을 예로 들면, 북한 전체를 대표할 수 있는 지도자는 우파 기독교 민족주의자였던 조만식 선생이었지. 그다음은 공산주의 이론가였던 현준혁의 영향력이 컸고, 마지막 세 번째가 소련의 지지를 받는 젊은 대위 김일성이었어. 그런데 조만식 선생은 실종됐고, 현준혁은 암살을 당했지. 결국 소련파 공산주의자

좌파 연립
(左派聯立)
사회주의 성향의 당끼리 연합하는 형태

냉전
(冷戰)
제2차 세계대전 이후 미국과 소련을 중심으로 한 자유민주주의와 공산주의의 대립을 뜻하며, 1991년 소련의 해체와 사회주의권의 몰락으로 양 진영 사이의 냉전 상태는 사실상 종결됨

트루먼 독트린
(Truman Doctrine)
1947년 3월, 미국 대통령 트루먼이 선언한 미국의 외교정책. 공산주의가 퍼지는 것을 막기 위해 공산주의의 위협을 받고 있는 국가들에 대한 군사적, 경제적 원조를 제공한다는 내용

종주국
(宗主國)
처음 시작한 나라

인 김일성이 북한에서 권력을 잡게 됐어.

또 북한을 비롯한 여러 국가가 대부분 좌파 연립으로 시작해서 소련을 따르지 않는 사람들은 사라지는 일이 반복됐고, 소련파 공산주의자들만 남은 독재 국가가 됐어. 전 세계가 이런 식으로 붉게 물들고 있는 모습을 보고, 좌우합작 정책을 폈던 미국은 당황했단다. 그리고 동유럽을 포함해 그리스와 터키마저 공산화하려는 소련의 팽창 욕심을 확인한 미국은 1947년 3월, 냉전 시작을 알리는 역사적인 '트루먼 독트린'을 발표했어. 미국의 친구였던 소련을 이제는 적이라고 인정한 거지.

미국은 그후 40년간 반공 정책을 추진했고, 마침내 1991년 공산주의 종주국 소련의 붕괴를 시작으로 공산주의 세력은 쇠퇴했어. 트루먼 독트린은 소련의 팽창 정책을 저지하여 공산주의의 확산을 막은 위대한 결단으로 평가받고 있지.

미국의 정책이 '친공산주의'에서 '반공산주의'로 바뀌면서 이승만에 대한 태도 역시 정반대로 뒤집혔어. '이승만 노선이 맞다. 대한민국은 반공 정권으로 수립되어야 한다'라며 적극적으로 지원했고, 대한민국은 반공 국가로 탄생하게 됐단다.

옆 페이지의 지도는 당시 공산국가들을 표시한 지도란다. 소련의 막강한 힘을 바탕으로 주변 40여 개 국가가 도미노 무너지듯 공산화됐어. 그런데 소련과 가까이 하고 있으면서도 공산화되지 않은 단 하나의 나라가 바로 '대한민국'이야. 이승만이라는 지도자의 지혜와 용기로 인한 결과라고 할 수 있지.

공산화된 나라
44개국

자유를 지켜낸
기적의 나라
대한민국

이렇게 많은 나라가
공산화 됐는데
대한민국은 공산화가
안 되다니 놀랍다냥!

김광동 박사 (나라정책연구원 원장)
"공산주의 쓰나미가 전 세계를 쓸어버릴 때, 쓰나미 같은 공산주의를 막아내고, 소련의 꼭두각시 위성국이 되는 것을 막아낸 유일한 인물이 이승만이었다."

김길자 (前 경인여대 총장)
"소련, 미국, 국내 타협파들과 싸워서 대한민국을 반공 국가 자유민주주의 체제로 건국한 이승만의 투쟁은 전 세계와 맞서 싸운 1인 혈투였다."

5·10 자유 총선거와 헌법을 만든 제헌 국회

8천 명의 한국인을 대상으로 실시한 군정청 여론조사야

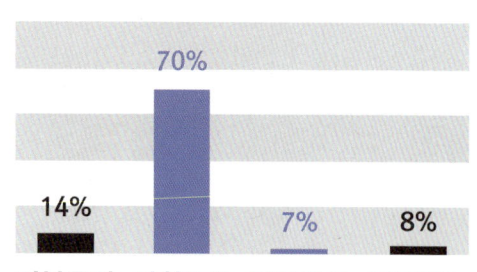

군정청 여론조사(1946.8)

1946년까지만 해도 국민은 사회·공산주의에 호의적이었고, 자유민주주의(자본주의)를 원하는 사람은 많지 않았어. 공산주의의 실체를 잘 모르고 있었기 때문이야. 그래서 1946년 12월, 이승만은 '자유롭고 민주적인 조선의 탄생이야말로 극동의 평화를 의미한다'라며 한반도 정부 수립 문제는 미소 공동위원회가 아닌 유엔이 맡아야 한다고 주장했어.

1947년 8월, 미국의 마셜 국무장관은 미소 공동위원회의 실패를 인정했고, 9월에 이르러서야 한국 독립 문제를 유엔으로 가져갔지. 미국은 '유엔의 감시 아래, 남북한 인구 비례에 따라 국회의원을 뽑는 총선거를 하자'고 제안했어. 하지만 남한의 인

극동
(極東)
동쪽의 맨 끝. 유럽의 관점에서 동아시아를 이르는 말로써 한국, 중국, 일본, 대만 등이 여기에 속함

구가 북한의 2배에 달했기 때문에 불리하다고 판단한 소련은 미국의 제안을 반대했지.

유엔은 소련의 반대에도 불구하고 본회의에 부쳤고, 압도적인 투표 결과로 남북한 총선거를 결정했어. 하지만 38선 이북을 점령하고 있던 소련은 유엔 한국 임시위원단의 북한 방문을 거부했단다. 김구와 김규식은 김일성과 만나 끝까지 남북한이 통합해야 함을 강조하며 협상을 추진하려 했어. 하지만 북한은 이미 소련의 계획에 따라 공산국가가 되기 위해 헌법까지 만들고 있었고, 김일성은 늘 스탈린의 지령에 의해 움직이고 있었기 때문에 그러한 노력은 의미가 없었지.

지령
(指令)
단체 따위에서 상부로부터 하부 또는 소속원에게 그 활동 방침에 대하여 내리는 명령

한반도의 정부 수립 관리를 위해 서울에 도착한 유엔한국임시위원단 환영 조형물
'환영 UN조선위원단'이라고 적혀있어.(1948.1.8)

결국 1948년 2월, 유엔 소총회에서 남한만이라도 선거할 것을 결정했어. 그래서 만 21세 이상의 남녀라면 누구나 국회의원을 뽑을 수 있는 최초의 자유 총선거를 치르게 된단다. 대한민국에는 민주주의와 공산주의가 혼합된 형태가 아닌 오직 '자

3. 대한민국 건국 대통령 이승만 123

유민주주의'에 기초한 건국의 토대가 마련됐어.

북한과 뜻을 같이하는 좌익들은 남한에 자유민주주의 국가가 세워지는 것을 원치 않았지. 그래서 총선거를 앞두고 선거사무소 습격, 방화, 입후보자에 대한 테러, 경찰관 습격 등 폭력 행위를 전국 각지에서 일으켰어. 이러한 방해 공작에도 불구하고 5·10 자유 총선거는 95.5%라는 경이로운 투표율을 기록하며 순조롭게 진행됐단다.

> **방화**
> (放火)
> 일부러 불을 지름

5.10 자유 총선거
참여한 유권자들이 투표하기 위해 줄 서 있는 모습이야.(1948.5.10)

5.10 자유 총선거에서 투표하는 모습
당시 한글과 숫자를 못 읽는 사람이 많아 숫자 대신 작대기로 후보자의 기호를 표시한 것이 인상적이야.

　5·10 자유 총선거는 한국 민주주의의 발전에서 중대한 의미가 있어. 전 세계 가운데, 한 나라를 세우면서 자유 총선거를 통해 초대 국회의원을 선출한 사례는 그리 많지 않거든. 또 만 21세 이상의 한국 국민이면 성별이나 신분을 따지지 않고 무조건 투표권을 줬어. 단순히 투표권뿐만 아니라 모든 국민에게 차별없는 자유와 권한을 주었으니 엄청난 개혁이었던 셈이야.

　우리 역사에서 국민이 주인이 되어 자유를 누렸던 적은 단 한 번도 없었어. 신분제라는 굴레 속에 살아야 했던 국민에게 역사상 처음으로 자유 선거권을 부여한 대사건이 바로 1948년

5월 10일에 있었던 자유 총선거였단다.

　이런 토대 위에서, 대한민국은 서구 유럽이 300여 년에 걸쳐 이룬 산업화와 민주화를 단 60여 년 만에 완성할 수 있었지. 모든 국민의 역량과 잠재력을 최대한 끌어낼 수 있는 자유민주주의 체제를 바탕으로 한 자유 총선거가 이 모든 성취의 출발점이라 할 수 있어.

제헌 국회 개헌식(1948.5.31)

　5·10 자유 총선거를 통해 198명의 국회의원이 선출됐어. 이들은 대한민국 최초의 헌법을 제정하여 '제헌 국회'라고도 불리는 제1대 국회가 됐지.

이승만이 초대 국회의장을 맡게 되면서 1948년 7월 1일에 국호를 '대한민국'이라고 정하고, 7월 17일에는 대한민국 헌법을 공식적으로 선포하여 '민주공화국'이라는 정체성을 분명히 했는데, 지금 우리가 기념하고 있는 '제헌절'이 바로 그날이야.

또한 7월 20일에는 헌법에 규정된 방법으로 시행된 대통령 선거에서 180표의 찬성을 얻은 이승만이 초대 대통령으로 당선된단다.

초대 대통령 취임식
"나 이승만은 국헌을 준수하며, 국민의 복리를 증진하며, 국가를 보위하며, 대통령의 직무를 성실히 수행할 것"이라고 선서했어.(1948.7.24)

제헌 헌법 공포 기념 발행 우표
(1948.7.17)

제헌 국회 헌법기초위원회 위원들과 함께
헌법기초위원회는 각자의 입장이 달라서 논쟁을 벌였고, 결국 국회의장 이승만(앞줄 가운데)이 영향력을 발휘해 나라 이름을 '대한민국'으로 결정했단다.

우리나라 국회 속기록 제1면에는 무엇이 적혀있을까?

가장 중요한 국가 자료인 수백만 쪽의 국회 속기록 제1면에는 '하나님께 드리는 나라와 민족을 위한 기도문'이 기록되어 있는데, 그 내용은 다음과 같다.

"오랜 세월동안 이 민족의 고통과 호소를 들으시고 정의의 칼을 빼셔서 일제의 폭력을 굽히셨으며 세계인의 양심을 움직이시고 우리 민족의 염원을 들으심으로써 역사적인 환희의 날이 우리에게 오게 하시고 하나님의 섭리가 세계만방에 드러나게 하셨음을 믿습니다. 아직까지 남북이 둘로 갈린 이 민족의 고통과 수치를 씻어 주시고 우리 민족, 우리 동포가 손을 같이 잡고 웃으며 노래 부르는 날이 우리 앞에 속히 오게 해 주시기를 기도합니다. 이제는 남북의 통일을 주시고 또한 민생의 복락과 아울러 세계평화를 허락하여 주시기를 원합니다"

복락 (福樂)
행복과 안락을 함께 이르는 말

통일을 원하는 간절함이 느껴지지??

대한민국 건국

1948년 8월 15일, 드디어 대한민국이 탄생했어.

양반만을 위했던 조선 시대와는 달리 일반 시민의 자유가 보장되는 평등한 나라가 될 것이라고 했지. 양반과 상놈, 부자와 가난한 자, 남자와 여자, 남북한 출신 모두 공평한 기회와 권리를 가지고 법 앞에서 평등하게 보호받을 것을 강조했어.

대한민국이 생존하기 위해 경제·군사적 원조도 필요했지만, 그보다 시급했던 일은 유엔이 건국의 정당성을 승인해주는 것이었어. 그래야만 온전한 국가의 지위를 누릴 수 있기 때문이었지. 하지만 나라 안팎의 상황을 볼 때, 유엔의 승인 가능성은 크지 않았어.

대한민국 정부 수립 승인을 얻기 위해 파리 유엔총회에 파견된 대한민국 대표단
앞줄 오른쪽부터 시계방향으로 김활란, 장면, 조병옥, 모윤숙. 정일형, 김우평, 장기영, 김준구로 1948년 9월부터 12월까지 활동했단다.

여러 악조건 속에서도 '대한민국 정부 수립 승인안'을 유엔

총회에 제출했지. 그런데 소련 대표 비신스키는 회의에 '대한민국 정부 수립 승인안'이 올라올 때마다 마이크를 2시간 이상씩 잡고 진행을 방해하며, 으름장을 놓았어.

그리고 드디어 역사적인 12월 12일, '대한민국 정부 수립 승인안'이 올라오자 또다시 비신스키가 마이크를 잡았어. '독재자이자 미국의 앞잡이인 이승만이 코리아를 다스리므로 승인할 수 없다'라고 장황하게 늘어놓기 시작하는데, 기적 같은 일이 일어났지. 팔을 들고 연설하던 비신스키에게 별안간 치통과 성대 결절이 생겨서 15분 만에 목을 부여잡고 회의장을 떠나게 된 거야.

1948년 유엔 '대한민국 정부 승인' 표결 문서
이 문서에는 영국·미국 등 찬성 48개국은 물론, 소련과 폴란드 등 당시 공산권 6개국의 반대와 스웨덴의 기권도 기록되어 있어.

유엔의 한국 승인을 알리는 포스터

찬성 48표, 반대 6표로 대한민국이 한반도 유일의 합법 정

부임을 승인하는 결의안이 최종적으로 통과됐어. 유엔 승인은 1950년 6·25 전쟁에 유엔군 참전을 끌어내는 결과를 가져다주었기에 대한민국의 생존에 큰 영향을 준 사건이야.

대한민국은 자유민주주의를 기반으로, 국민의 재산권과 경제 활동의 자유를 보장하는 자본주의 시장 경제 체제로 출발했어. 이 같은 건국의 방향을 둘러싸고 당시 한국인의 생각이 다 같지는 않았지. 하지만 세계사의 흐름을 보면, 자유민주주의와 자유시장 경제 체제는 인간의 물질적 복지를 늘리고, 정신적 행복을 가져다주는 올바른 방향이었음을 보여주고 있단다.

대한민국 정부수립 선포식(1948.8.15)

이것이 이승만의 가장 큰 공적이라 할 수 있어. 국제 정세를 보는 눈과 올바른 신념에 따라 행동하는 용기, 그리고 미국을 설득하여 독립을 쟁취하려는 전략적 노력이 없었다면 오늘날의 대한민국은 태어나지 못했을지도 몰라. 정말 기적에 가까운 일이었지.

대한민국 정부수립 선포식에서 연설 중인 이승만
(1948.8.15)

"우리가 40여 년 동안을 왜적의 손에 학대를 받아 말과 행동뿐 아니라, 생각까지 자유롭지 못하게 되었다"

"그러나 우리는 자유 활동을 위해 쉬지 않고 싸웠다"

"이제 우리 자유인의 공화국인 대한민국은 국민의 권리와 개인의 자유를 보호할 것이다"

"정부는 항상 주의해서 언론과 집회, 종교와 사상 등의 자유를 적극적으로 보호해야 될 것이다"

뉴욕타임스에 실린 대한민국 건국 기사

초대 대통령 이승만에 의해 주권 국가로 선포된 사실과 국가 이름이 The Republic of Korea, 한국말로는 대한민국(Tai Han Min Kook)이라는 사실이 기록되었다. 대한민국은 자유(Freedom)와 민주주의(Democracy)를 표방한다고 쓰여 있지.(1948.8.15)

대한민국의 생일은 언제일까?

8월 15일은 의미가 아주 깊은 날이다. 1945년 8월 15일은 일제로부터 해방된 날이고, 1948년 8월 15일은 대한민국 정부 수립을 선포함으로써 진정한 의미의 독립을 이룬 날이기 때문이다. 이승만 대통령은 국민이 해방과 독립의 기쁨을 동시에 누렸으면 하는 마음으로 1948년 8월 15일을 독립기념일로 정했다. 이후, 1949년 10월 국회에서 독립기념일의 이름을 '광복절'로 새로 정했다. 1919년 4월 13일 상해 임시정부 수립일을 대한민국 건국일이라고 주장하는 사람들이 있다. 대한민국 헌법 전문에 '대한민국 임시정부의 법통을 계승한다'라는 구절을 근거로 내세웠는데, 임시정부의 독립운동 정신을 계승한다는 것이지 법률적으로 대한민국이 임시정부를 계승한다는 뜻이 아니었다.

'영토, 국민, 주권'을 갖추어야 국가라고 할 수 있는데, 1919년에는 3가지 모두를 잃은 상태였다. 무엇보다 상해 임시정부는 국제 승인을 받지 못한 독립운동 단체였기에, 말 그대로 '임시정부'에 지나지 않았다. 대한민국의 독립은 '독립운동 → 해방 → 총선 → 국회 구성 → 헌법 제정 → 대통령 선출 → 정부 수립 → 유엔의 승인'의 과정을 거쳐 이뤄졌다. 1948년 8월 15일, 정부 수립 선포는 건국의 핵심 단계였던 것이다. 한 생명이 태어나기까지 여러 과정이 있지만 태어난 날을 생일로 하는 것처럼 건국일도 같은 이치이다.

우리나라의 생일은 8월 15일이다냥!

국가보안법 그리고 친일파 논란

걸음마 단계에 있었던 대한민국의 큰 어려움 중 하나는 나라 안팎의 공산주의자들로부터 국가 생존을 위협받는 것이었어. 그래서 이승만은 반공 정책을 폈고 국가보안법을 만들었지. 아무리 자유와 다양성을 존중하는 자유민주주의 국가라고 해도, 나라를 무너뜨리고 체제를 완전히 바꾸려는 공산 혁명은 절대 인정할 수 없었던 거야.

1948년 4월 3일, 제주도에서는 남로당 주도로 5·10 자유총선거를 반대하는 무장 폭동이 일어났고, 이 과정에서 많은 우익 인사들이 희생되었어. 이를 진압하는 과정에서도 많은 민간인들이 목숨을 잃었는데, 이를 '제주 4·3사건'이라고 부른단다.

또한 '여수·순천 10·19사건'은 제14연대에 침투한 남로당 조직이 제주 4·3 진압 명령을 거부하고 수십 명의 장교를 살해하면서 촉발되었고, 그 진압 과정에서도 많은 민간인 희생이 뒤따랐어.

이 두 사건은 한국 현대사의 너무나도 가슴 아픈 비극이야. 무고한 희생자들을 위로하고 기억하는 것은 당연한 일이지. 그러나 누가, 왜 국가에 반란을 일으켰는지라는 '사건의 본질'을 외면한 채 '과잉 진압'만을 부각하여 역사를 왜곡해서는 안 된단다.

진압(鎭壓)
강압적인 힘으로 억눌러 진정시킴

제주 4·3 사건 희생자 모녀상
당시 26세 엄마와 두살배기 딸이 진압군에 의해 희생당한 장면을 제주 4.3 평화공원 내에 '변뱅생 모녀상'으로 설치한 모습이야.

사랑이 모든 것을 이긴다

손양원 목사(1902~1950)는 여수 애양원에서 한센병 환자들을 섬기던 기독교 목회자이다.

1948년 여순사건 당시 두 아들(동신, 동인)이 공산주의자에게 살해되었으나, 그는 가해자 안재선을 용서하고 양아들로 삼았고, 1950년 6·25전쟁 때 공산군에 의해 체포되어 신앙을 버리라는 협박을 거부하고 48세의 나이로 순교했다.

그의 삶은 원수까지 사랑한 실천적 신앙으로 '사랑의 원자탄'이라는 책과 영화로 전해지고 있다.

한센병(Hansen病)
나균(癩菌)에 의해 감염되는 만성 전염성 난치병

애양원 정문 앞에 선 손양원 목사

장례식 직후 가족 사진
사진 맨 위가 동신, 동인을 살해한 안재선씨야.
그는 양아들로써 상주의 책임을 다했단다.

으앙!!

그 당시 육군 총 병력의 약 10% 정도가 좌익 공산 세력이었고, 남로당원은 50만여 명이나 됐어. 그들은 무장 폭동 계획을 세우고 있었는데, 국가보안법으로 주동자들을 체포하여 무기를 압수하는 등 국가적 위기를 피할 수 있었단다.

유명한 일화가 하나 있는데, 폭동의 주동자로 체포된 홍민표라는 사람이 있었어. 그는 자신을 담당했던 오제도 검사가 뇌물을 받지 않고 정직하게 사는 모습에 감동하여 공산주의에서 돌아선단다. 홍민표의 설득과 정부의 권고로 남로당에서 전향한 자수자가 무려 33만 명에 달하면서 남한의 공산당 세력이 많이 약화됐지.

> **전향(轉向)**
> 종래의 사상이나 이념을 바꾸어서 그와 배치되는 사상이나 이념으로 돌림

진압군이 여수에서 제14연대 군인과 협력자를 찾아내 옷을 벗긴 채 연행하는 모습 (1948.10)

여순 사건 진압 작전으로 화재가 난 광경

많은 사람이 이승만의 초대 내각을 '친일 내각'으로 알고 있는데, 사실은 대부분이 독립운동가로 구성됐어. 친일 출신의 경찰을 일부 등용하긴 했었지. 하지만 그건 극심한 좌우 대립으로 불안정했던 치안을 확고히 하려고 행정 경험이 있는 사람들을 뽑았던 것으로 보여.

내각(內閣)
국가의 통치 권력인 입법·행정·사법의 3권 중 행정권의 집행을 담당하는 최고 기관

등용(登用)
인재를 뽑아 씀

이승만 초대 내각 vs 김일성 초대 내각 비교

▶ **대한민국 초대 내각 (100% 독립운동가)**

- 이승만 – 대통령 (상해 임시정부 초대 대통령, 독립운동가)
- 이시영 – 부통령 (상해 임시정부 재무총장, 60억을 독립운동에 바침)
- 이범석 – 국무총리, 국방장관 (광복군 참모장)
- 이윤영 – 무임소장관, 정무장관 (국내 항일)
- 이청천 – 무임소장관 (광복군 총사령관)
- 장택상 – 외무장관 (청구구락부 사건)
- 윤치영 – 내무장관 (흥업구락부 사건)
- 이 인 – 법무장관 (항일 변호사, 한글학회 사건)
- 김도연 – 재무장관 (2·8 독립선언 주도)
- 임영신 – 상공장관 (독립운동가, 교육가)
- 안호상 – 문교장관 (항일 교육자)
- 전진한 – 사회장관 (국내 항일)
- 윤석구 – 체신장관 (국내 항일, 6·25 전쟁 중 인민군에게 총살)
- 민희식 – 교통장관 (재미 항일)
- 조봉암 – 농림장관 (국내 항일)
- 김병연 – 총무처장 (국내 항일)

이순탁 – 기획처장 (국내 항일)

김동성 – 공보처장 (국내 항일)

신익희 – 국회의장 (상해 임시정부 내무총장)

김병로 – 대법원장 (항일 변호사)

김동원 – 국회부의장 (독립운동가)

김약수 – 국회부의장 (독립운동가)

▶ 북한 초대 내각 (친일 핵심 간부)

김영주 – 부주석, 당시 서열 2위, 김일성 동생 (일제 헌병 보조원)

장헌근 – 임시인민위원회 사법부장, 당시 서열 10위
　　　　 (일제 중추원 참의)

강양욱 – 임시인민위원회 상임위원장, 당시 서열 11위 (일제 도의원)

이승엽 – 남로당 서열 2위 (일제 식량수탈기관 "식량영단" 이사)

정국은 – 문화선전성 부부상
　　　　 (아사히 신문 서울지국 기자, 일본간첩 출신)

김정제 – 보위성 부상 (일제 양주군수)

조일명 – 문화선전성 부상
　　　　 (친일단체 "대화숙" 출신, 학도병 지원유세 주도)

홍명희 – 부수상 (일제 "임전대책협의회" 가입 활동)

이　활 – 초대 공군사령관
　　　　 (일제 일본군 나고야 항공학교 정예 출신)

허민국 – 인민군 9사단장 (일제 일본군 나고야 항공학교 정예 출신)

강치우 – 인민군 기술 부사단장
　　　　 (일제 일본군 나고야 항공학교 정예 출신)

최승희 – 최고인민회의 대의원 (일제 친일단체 "예술인총연맹" 회원)

김달삼 – 조선로동당 4·3 사건 주동자 (일제 일본군 소위)

박팔양 – 노동신문 창간 발기인, 노동신문 편집부장
(일제 만선일보 편집부장)
한낙규 – 김일성대학 교수 (일제 검찰총장)
정준택 – 행정10국 산업국장 (일제 광산지배인 출신, 일본군 복무)
한희진 – 임시인민위원회 교통국장 (일제 함흥철도 국장)

친일파는 오히려 북한 쪽인 것 같은데..?

1948년 9월, '반민족행위특별조사위원회(반민특위)'를 만들어 대대적인 친일파 청산을 시작했어. 그런데 국회의원 13명이 공산당에 협조한 일명 '국회 프락치 사건'이 발생하면서 1년 만에 반민특위가 해체된단다.

반민족행위자 재판 모습(1949)

대한민국 초대 내각 첫 국무회의

이승만 대통령 주재로 열린 첫 국무회의에 장관 전원이 참석한 모습이야.(1948.8.5)

특히 남한에서 일어나는 반란과 폭동은 대한민국을 위협했어. 오죽했으면 대통령이 "친일파 청산보다 공산 세력의 반란을 먼저 진압하지 않으면 대한민국은 망한다"라고 말할 정도였단다.

이승만 라인(평화선)

하지만 누구보다도 반일에 앞장섰고, 일본에 대해서만큼은 아주 단호했던 이승만이었어. 1·4 후퇴 직후, 미군이 유엔군에 일본군 편입 가능성을 검토했던 적이 있었지. 그때, 이승만은 미군에게 "만일 일본군이 참전한다면 국군은 일본군부터 격퇴한 다음 공산군과 싸울 것이다"라며 극도의 불쾌감을 나타냈

어. 또 '평화선'이라고도 불리는 일명 '이승만 라인'을 선포했지. 1954년 1월 평화선 선포 2주년을 맞이해, 독도에 '한국령(韓國領)'이라는 표지석을 세워 독도가 한국 영토임을 분명히 했어. 같은 해 8월에는 등대를 세워 불을 밝혔단다.

독도는 우리 땅!

이승만은 일본이라면 치를 떨었지만 "우리가 일본을 따라잡으려면 그들의 발달한 문물과 기술은 배우는 것이 필요하다"라고 주장하기도 했어. 석탄을 캐는 기술자가 친일파라고 해서 때려잡으면 결국 얼어 죽는 건 조선 사람들인데, 그게 우리나라에 도움이 되겠냐는 거지. 당시 석탄 최고 기술자는 전부 일본인이었고, 조선 사람 중에 석탄을 캘 줄 아는 사람은 일본인 밑에서 기술을 배운 사람들 뿐이었거든.

이승만이 등용한 인재 중에는 똑똑하다는 이유로 일본에서 관료 생활을 했던 신현확이라는 사람이 있었어. 그는 장관으로 임명됐고, 미국으로부터 구호물자를 받아 전 국민을 먹여 살리는 역할을 했지. 미국의 도움을 받으면서도 기죽지 않고 해야 할 말은 했고, 맡겨진 일도 참 잘해냈어. 아이젠하워 대통령이 보낸 편지에 '미스터 신처럼 애국적이고 유능한 공무원을 거느리고 있는 이승만 당신이 부럽다'라고 말할 정도로 말이야.

'일본인에게는 조선인으로, 조선인에게는 친일파'라고 비난받았지만, 일본이 전쟁 물자를 빼앗으려고 쥐어짤 때는 "이러면 안 됩니다. 식민지 사정 좀 봐줘야지, 너무 짜면 조선 사람 폭동 일으킵니다"라며 조선 사람들의 편에 섰단다.

신현확은 박정희 정권 때 경제부총리로 발탁되었고, 전 세계에서 가장 뛰어나다는 의료보험제도를 만들었어.

한국을 이롭게 하려고 일했던 지식인임에도 친일파라고 비난받아야만 하는 인물인지, 또 인재를 알아보고 등용했던 이승만이 비난받을 일인지 생각해 볼 필요가 있지.

진정한 자유와 평등의 시작, 농지개혁과 교육개혁

농지개혁

농지를 개혁한 이승만 대통령을 반기는 농민들

농지개혁을 통해 산업화와 민주주의 발전을 이룬 이승만 대통령을 반기며, 초가집 앞에 줄지어 서있는 충남 조치원 지역 농민들 모습이란다.

대한민국 정부가 수립되기 직전, 이승만은 미국인 친구에게 "이제 내가 실시하는 개혁이 전 세계를 깜짝 놀라게 할 거다"라고 편지를 보냈어. 바로 '농지개혁'을 두고 하는 말이었지.

신생국가 대한민국은 제헌헌법 제86조에 농지개혁 내용을 명확하게 기록해 놓았어. 먼저 헌법을 만들고, 그 헌법 아래 법률과 세부적인 계획을 만들어 농지개혁을 진행했던 거지. 이는 수천 년 동안 이어져 온 불평등한 신분 차별을 근본적으로 없애는 데 큰 역할을 했어.

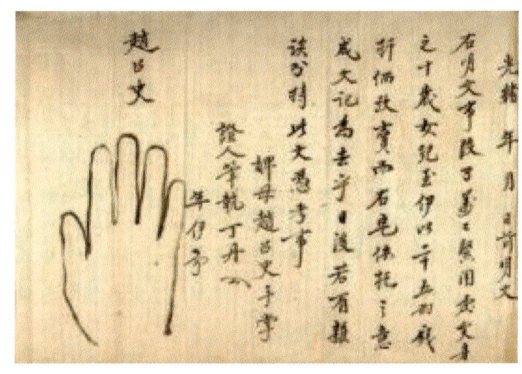

조선시대 노비문서
글을 모르는 노비들은 자신의 손 모양을 그려 넣어 서명을 대신했어.

신분제의 단면을 볼 수 있는 김득신의 〈노상알현도〉
나귀를 탄 양반 앞에서 허리를 굽혀 인사하는 상민의 모습에서 조선 후기 신분제의 엄격함을 엿볼 수 있지.

조선 시대에는 사람을 물건처럼 사고팔았던 노비 문서가 있을 만큼 양반과 상놈의 차별이 극심했지. 전 국민의 90% 이상이 농사로 먹고 살았고, 농사를 지으려면 땅이 있어야 했는데, 땅 주인은 모두 양반이었어. 그러니 상놈은 일 년 내내 농사지

소작료(小作料)
농사짓는 사람이 땅 주인에게 내는 토지 사용료

어서 거둔 수입의 절반, 혹은 그 이상을 소작료로 바칠 수밖에 없었지. 그래서 양반·상놈 제도를 폐지하려면 실제로 일반 백성들에게 양반 눈치를 보지 않으면서 먹고 살 길을 마련해 주어야 했어.

시대별 소작료 혹은 농지 가격 지불 방법

조선 시대	땅 주인에게 수확량의 50~80% 지불
일제 시대 (1945년 광복 전후)	땅 주인에게 수확량의 50% 지불
미국 군정 (1948.3.11 일본인 소유 농지에 대한 1차 농지 개혁)	연간 생산량의 20%씩 15년 동안 상환하면 소작 농민의 땅이 됨
이승만의 농지개혁	연간 생산량의 30%씩 5년 동안 상환하면 소작 농민의 땅이 됨
북한의 토지개혁 (6·25 전쟁 전)	국가에 25%의 현물세를 내야함 (실제 징수는 이보다 더 높았음)
북한의 토지개혁 (6·25 전쟁 후)	경작권 박탈, 집단 농장 체제의 고용원으로 신분이 바뀌게 됨

정말 엄청난 개혁이다냥!

세계은행(World Bank)이 발표한 '세계 경제발전 보고서'에 따르면 경제가 발전하고 쇠퇴하는 이유는 농지개혁과 관련이 있대. 그런데 20세기에 농지개혁을 가장 잘하고, 경제 성장 폭이 가장 큰 나라가 바로 대한민국이었던 거야.

농민들에게 골고루 땅을 나눠주니까, 내 땅에서 열심히 일해 거둔 것이 나와 내 가족의 것이 됐어. 그러니 국민 모두가 열심히 일하게 됐고, 자연스럽게 국가 경제도 성장하게 된 거지. 1948년 12월 4일, 이승만은 농지개혁을 호소하기 위해 '토지개혁 문제'라는 제목으로 라디오 연설을 했어. 그때는 집마다 TV는커녕 라디오조차 거의 없었기 때문에, 라디오가 있는 집에서 크게 틀어놓으면 동네 주민들이 모여서 연설을 들었어. 5천 년 만에 처음으로 자기 땅을 갖게 되는 기적과도 같은 일이 과연 가능한가 싶어 지주는 지주대로, 소작농은 소작농대로 라디오 연설에 귀를 기울였단다.

노비 해방!!

"원래 하나님이 세상을 창조하실 적에 양반과 상놈을 구별하거나 부자와 빈민을 인 쳐서 낸 것이 아닙니다. 모든 사람이 동등으로 천연한 복리를 누리게 한 것인데, 부자는 대대로 부자요, 양반은 대대로 양반으로 지냈으니 이처럼 불공평하고 부조리한 일은 다시 없을 것입니다. 지금 우리가 주장하는 민주주의는 반상이나 귀천이라 하는 차별을 다 없애고 모든 국민이 평등·자유로 타고난 행복과 이익을 다 같이 누리게 하는 것입니다. 이 주장을 세우기 위하여 그 근본적 문제를 먼저 교정하여야만 모든 폐단이 차례로 바로 잡힐 것이므로 토지개혁법이 유일한 근본적 해결책이라는 것입니다."

반상(班常)
양반과 상사람 혹은 상놈

3. 대한민국 건국 대통령 이승만

농지개혁 2달여 뒤에 6·25 전쟁이 일어났어. 전쟁과 함께 내려온 북한의 '남조선 토지개혁법 위원회'는 '토지 무상분배'를 열렬하게 선전했지. 하지만 이승만의 농지개혁이 이미 실행된 뒤였기 때문에 우리 농민들은 속지 않았어. 오히려 자기 소유의 땅을 갖게 해준 대한민국 편에 섰고, 그 땅과 자유를 지키기 위

해 싸웠단다.

이승만이 농지개혁을 통해 이루고자 한 것은 다음 세 가지로 요약할 수 있어.

첫째, 반공 체제를 구축하는 거야. 무슨 이야기냐 하면 사회주의자들이 인민의 지지를 얻은 가장 큰 요인이 토지개혁이었기 때문에 우리야말로 제대로 된 자본주의식 농지개혁을 해서 국민이 공산주의에 속아 넘어가지 않도록 했던 거지.

둘째, 자유민주주의 정체성을 수립하는 거야. 양반·상놈의 신분 구분을 없애고, 평등과 자유라는 자유민주주의 정체성을 확실히 세우기 위한 유일하고도 근본적 해결책이 바로 농지개혁임을 알았던 거지.

셋째, 농지개혁은 나라가 경제적으로 성장할 수 있는 산업화의 기반이 됐어. 땅 주인들이 자신의 땅을 판 돈으로 공장을 만들고 각종 사업에 투자할 수 있도록 했거든.

농지개혁은 반공 체제 구축, 자유민주주의 정체성 수립, 산업화의 기반을 위한 것이었어! 꼭 기억하자!

무상몰수
(無償沒收)
어떠한 사물을 가지고 있는 사람에게 적절한 값을 치르지 않고 빼앗아 거둠

무상분배
(無償分配)
값을 받지 않고 나누어 줌

유상매입
(有償買入)
어떠한 사물을 가지고 있는 사람에게 적절한 값을 치르고 사들임

유상분배
(有償分配)
적당한 대가를 받고 재산이나 권리 따위를 나누어 주는 일

남한과 북한의 농지개혁 비교

북한의 '토지개혁'은 '무상몰수, 무상분배' 방식이었다. 땅을 공짜로 받는 것처럼 보이지만 사실은 정당한 값을 지불하지 않고 당에서 땅을 가져갔고, 농민들에게 무료로 나눠주지는 않았다. 그 땅에서 농사만 지을 수 있을 뿐, 아무리 애를 써도 자기 소유의 땅이 되지는 않았던 것이다.

반면, 남한의 '농지개혁'은 '유상매입, 유상분배' 방식으로, 적절한 값을 치르고 국가가 지주에게서 땅을 사들인 다음, 소작농들이 1년 수확량의 30%씩 5년 동안 나라에 내고 나면 자기 소유의 땅이 됐다. 이 정도의 땅값은 농지개혁 이전에 농민들이 땅 주인에게 내던 소작료보다 낮았고, 감당할 수 있는 수준이었다. 그 결과, 대한민국 전체 농지의 92.4%가 자작지, 즉 농민들이 소유주가 되어 경작하게 됐다.

북한의 토지개혁 선동 군중대회

3. 대한민국 건국 대통령 이승만

교육개혁

구한 말, 조선 팔도를 돌아다니며 정보를 수집했던 일본인이 '조선에는 양반과 상놈이라는 희한한 종족이 있다. 양반은 온종일 아무 일도 하지 않고 누워 담배만 피우고, 그 집에서 일하는 상놈들은 정말 비참한 삶을 산다'라고 기록했어.

그리고 어느 선교사는 '조선 사람은 자신의 자녀로 딸이 태어나면 몹시 슬퍼하면서 섭섭이라고 이름을 짓는다'라고 기록했지. 그 당시 대다수의 부모는 아들만 귀하게 여겼고, 어떤 집은 돈을 받고 어린 딸을 양반 집에 노예로 팔기도 했단다.

너무해!
딸을 팔다니!!

이승만은 한성감옥에서 '미국흥학신법'이라는 글을 썼어. '배움에 있어서는 남녀의 구별이 있을 수 없다'라는 내용이었지. 양반이나 남자만 교육받던 시절이지만, 상놈이나 여자도 상관없이 누구나 똑같은 교육 혜택을 주기 위한 교육 혁명을 꿈꿨단다.

대통령이 된 이승만은 초등학교에 입학할 나이가 되면 모두가 의무적으로 교육을 받는 '의무교육제도'를 실시했어. 그 결과 취임 당시, 학교에 가봤던 사람들은 전체 인구의 14% 정도였는데, 정권이 끝날 무렵에는 취학률이 96%까지 올라가는 놀라운 성과가 있었지.

우리나라 연도별 문맹률 (단위 : 명)

연도별	12세 이상 총 인구수	12세 이상 국문 해독자 수	12세이상 문맹자 수	문맹자 비율
1945	10,253,138	2,272,236	7,980,902	78%
1948	13,087,405	7,676,325	5,411,080	41%
1953	12,269,739	9,124,480	3,145,259	26%
1954	12,269,739	10,560,719	1,709,020	14%
1955	12,269,739	10,745,698	1,524,041	12%
1956	13,911,978	12,492,773	1,419,205	10%
1957	13,713,883	12,568,590	1,145,293	8.3%
1958	13,713,873	13,125,890	562,982	4.1%

엄청 줄었다옹!

또, 배움의 시기를 놓친 어른 세대를 위해서는 문맹 퇴치 운동을 펼쳤단다. 대부분의 교육 시설이 파괴됐던 6·25 전쟁 중에도 학교 문은 닫지 않았지. 산속과 해변을 가리지 않고 노천 교실, 천막 교실을 만들어 가르쳤고, 전 세계에 유례가 없던 전시연합대학을 운영했어. 또 대학생은 전후 복구의 원동력이 된다며 재학 중엔 병역을 면제하거나 미뤄주었지. 그래서 해방 직후 80%에 이르던 문맹률이 1958년쯤에는 4%대까지 내려가게 됐던 거야.

전시연합대학
(戰時聯合大學)
6·25전쟁 중인 1951년 2월 설립된 종합 대학 성격의 대학 연합체

병역
(兵役)
국민으로서 수행하여야 하는 국가에 대한 군사적 의무

1. 전쟁 중 서울 거리의 전시(戰時) 학교에서 공부하는 아이들(1953)

2. 전쟁으로 학교 교실이 잿더미가 되자 서울의 한 초등학교 3학년 아이들이 불탄 교실 터에서 수업을 받고 있는 모습(1953)

3. 부산 초량동 항도초교에 설치된 천막교실

4. 거리에서 남녀노소가 한글을 배우는 모습

아이들이 배웠던 '우리나라의 발달'이란 국사 교과서에는 가난하고 굶주렸지만 우리는 위대한 저력을 가진 민족이고, 대한민국은 틀림없이 굉장한 국가가 될 것이라는 자부심으로 가득했어. 한글뿐만 아니라 자긍심도 같이 배웠던 어린이들이 30대가 되었을 때, 중화학공업 시대를 일구어내며 새 역사를 쓰는 일꾼들이 됐단다.

나라에 대한 자긍심을 심어준 책이구나!

1952년 전시연합대학 강연 모습

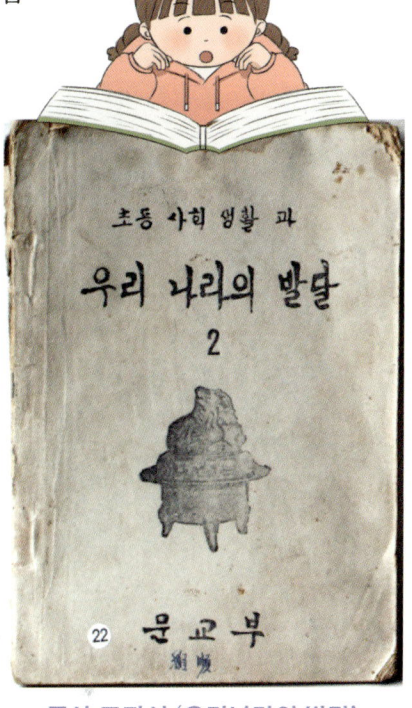

국사 교과서 '우리나라의 발달'

이승만은 지도자를 길러내기 위한 노력도 게을리 하지 않았어. 그가 집권하기 전 50여 년 동안 미국에서 공부했던 사람들을 다 합쳐도 500명이 안됐다고 해. 그런데 이승만이 집권했던 11년 6개월 동안 다양한 형태로 무려 2만 명을 미국에 보냈지. 외교력을 동원해 미국 정부의 후원을 받았기 때문이야. 그래서 한국의 엘리트 청년들이 장학금을 받으며 공부할 수 있었어.

이승만이 미국 자금을 얻어 미국으로 유학을 보낸 한국군 장교들

유학을 보냈던 인재들 중에는 나중에 대통령이 된 군인 박정희가 있었어. 준장으로 진급했던 36살에 연수를 떠났고, 미국의 선진 시스템과 문화를 배울 수 있었던 거지.

이승만은 차별을 없애기 위해서 농지개혁과 교육개혁을 시행했어. 국민에게 땅을 주고, 교육을 함으로써 일부 계층만 갖고 있던 특권을 전 국민에게 나눠주었지. 이것이 성공하면서 차별이 없어졌고, 양반이라는 단어도 새로운 의미를 갖게 됐어. 옛날에 양반은 특권 계층을 뜻하는 말이었지만 이제는 '이 양반, 저 양반' 이런 식으로 보통 사람을 가리키는 말이 됐지. 글자 그대로 보통 사람이 모두 양반이 된 평등 국가, 대한민국이 되었단다.

준장
(准將)
군대 장성 계급의 하나로 소장의 아래, 대령의 위로 장성 계급에서 가장 낮은 계급

4

전쟁에서 나라를 지킨
이승만

6 · 25 전쟁, 기적적으로 살아남은 대한민국

애치슨 라인
한국과 대만이 미국의 극동방위선상에서 제외되었음을 보여주고 있어.

1949년 6월 말, 한반도의 전략적 가치를 낮게 본 미국은 한국의 반대에도 불구하고 주한미군을 철수시켰어. 8월에는 소련이 원자폭탄 실험에 성공했고, 10월에는 중국이 공산화 됐지. 설상가상으로 1950년 1월, 애치슨 미국 국무장관은 '미국의 **극동 방위선**에서 한국을 제외한다'라는 '애치슨 라인'을 발표했어.

기회를 노리고 있던 김일성은 스탈린에게 남한 침략을 승인받고, 막대한 무기를 지원받았지. 그리고 스탈린은 유능한 작전 전문가들을 북한에 보내 '전쟁 시작 2일 만에 서울을 점령하고, 1달 만에 남한을 완전히 점령한다'라는 계획을 세웠어. 또 미국이 참전하는 돌발 사태를 대비해서 **마오쩌둥**이 동참하도록 설득했지.

> **극동 방위선**
> (極東 防衛線)
> 미국의 태평양 방위선 중 한국·일본·중국 등 동북아시아 지역에 설정된 방위선
>
> **마오쩌둥**
> (毛澤東)
> 중국 정치가로 1946~48년 국민당과의 내전에서 승리하여 중국을 공산화하고 국가 주석이 됨. 1958년 3면홍기 운동이 실패하여 수천만 명이 굶어 죽자 주석을 사임했지만, 1966년 문화대혁명을 통해 다시 권력을 잡음. 독재자의 오명을 갖고 있지만 중국 내에서 그는 자국의 독립과 주권을 회복하고 중국을 통일하여 자립시킨 업적으로 칭송받고 있기도 함

서울의 남대문을 향해 진격하고 있는 북한의 소련제 T-34전차 (1950.6.28)
소련제 탱크를 앞세우고 남한을 침략한 북한군의 행렬이야. (1950.6.28. 중앙청 앞)

대전 시내에 들어온 북한 인민군 보병대대(1950.07)

한국 현대사의 가장 큰 비극이라 할 수 있는 6·25 전쟁은 1950년 6월 25일 일요일 새벽, 압도적인 군사력을 가진 북한 공산군의 기습 남침으로 시작됐어. 그리고 4일 만에 국군의 절반가량인 4만 4천여 명이 죽고, 서울이 함락됐지. 남북한 민간인과 군인의 사망, 부상, 실종을 모두 합치면 500만 명에 가까운 희생자들이 발생했어.

전쟁을 피해 피난 가는 국민들

인민군에 의한 민간인 희생자

김일성의 지시로 퇴각하는 북한군에게 학살당한 함흥 주민들의 모습으로, 사진에 보이는 동굴에서만 300여 명의 시신이 발견됐어.

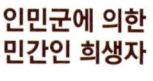

끔찍하다냥..

사실 대한민국은 누가 봐도 이 전쟁에서 질 수밖에 없는 상황이었지. 그런데 망하지 않고 기적적으로 살아남은 배경이 몇

가지 있단다.

첫째는 트루먼 대통령의 신속한 미군 참전 결정이었어.

6·25 전쟁에 참전할 이렇다 할 이유가 없고, 애치슨 라인이 발표된 뒤였기 때문에 그렇게 빨리 한반도 투입을 결정했다는 것은 기적에 가까운 일이야. 공산주의 확산을 막기 위한 트루먼 독트린 선포가 큰 영향을 끼쳤지. 또 미국 정치계에 영향력이 큰 해리스 목사나 빌리 그래함 목사 덕분이기도 하단다. 그들은 "한국에는 기독교인들이 많으며 그들을 내버려 두면 안 된다. 반드시 이 전쟁을 막아야 한다"라고 강조했고, 기독교인이었던 트루먼 대통령이 이 조언을 받아들였던 거야.

6·25 참전을 결단한 트루먼 대통령과 인천상륙작전의 영웅 맥아더 장군

유엔 안보리 결의
유엔 안보리 회의에서 소련 대표가 불참한 가운데 7개 이사국이 손을 들어 한국에 대한 군사지원을 결의하고 있어.(1950.6.27)

전쟁기념관에 있는 유엔군 전사자 명비

한국 전선에서 부상당한 전우를 이끌고 가는 미군 장병

서울에 돌입한 국군 선봉대

둘째는 유엔 상임 이사국 회의에서 유엔군 참전을 결의할 때, 소련 대표가 불참한 것이었어. 6·25 전쟁을 둘러싼 미스터리 중 하나란다. 어쨌든 소련이 유엔군 파병안에 거부권을 행사하지 않은 덕분에 67개국(유엔군 참전 16개국, 의료지원 5개국, 물자 지원 39개국, 전후 복구 7개국)의 전폭적인 지원이 이뤄졌어. 세계 전쟁 역사상 한 국가를 위해 67개국이 참전한 사례는 찾아볼 수 없단다.

셋째는 북한군이 서울을 점령한 후, 서울에서 3일이라는 시간을 지체했다는 사실이야. 그 이유에 대해서는 여러 가지 설이 있지만, 아직까지 정확히 밝혀진 것은 없어. 하지만 결과적으로 유엔군이 한반도에 진입하는 시간을 벌어준 셈이었지.

대한민국이 살아남을 수 있었던 결정적인 요인은 북한 공산군과 맞서 피 흘리며 싸운 국군과 유엔군의 수많은 희생 덕분이라 할 수 있어. 특히 미국 최고위층의 아들 142명(35명 전사)까지 참전했던 미군 병력에 5만 4천 여 명의 전사자가 발생했

고, 실종이나 부상자까지 합치면 17만 명을 육박했지. 게다가 엄청난 비용을 지출하면서까지 한국을 도왔단다.

전쟁 초기 이승만에 대한 오해와 진실

1950년 6월 25일 오전에 북한의 남침을 보고받은 이승만은 곧바로 하와이에 머물고 있던 우리 전투함이 신속히 귀국할 것을 지시했어. 오후 1시에는 주미 한국대사관에 전화해 트루먼 대통령에게 무기 지원을 요청하도록 명령했으며, 오후 3시에는 미 극동사령부에 요구해 막대한 양의 탄약과 전투기를 본국에 요청하도록 했고, 밤 10시에는 무초 미국 대사와 만났단다. 처음 보고를 받았을 당시에는 각 기관마다 내용의 차이가 컸고 이전에도 북한이 여러차례 도발을 해온터라 정확한 정보를 가리기 쉽지 않았지만, 점차 북한의 전면 공격으로 인식하면서 대응해나간 거지.

26일 새벽 3시, 이승만은 도쿄에 있던 맥아더 사령관에게 전화를 걸었어. 전화를 받은 전속 부관이 잠들어 있는 장군을 깨울 수 없다고 하자, "한국에 있는 미국 시민이 한 사람씩 죽어갈 터이니 장군을 잘 재우시오!"라며 고함을 쳤지. 또 옆에 있던 프란체스카에게 "우리 국민이 맨손으로 죽어 가는데 사령관을 안 깨우다니 말이 되는 소리요?"라고 소리치자 전속 부관이 깜짝 놀라 맥아더 장군을 깨웠다고 해.

잠에서 깬 맥아더 장군이 전화를 받자 이승만은 "오늘 이 사태가 벌어진 것은 누구의 책임이오? 당신 나라에서 좀 더 관심과 성의를 가졌다면 이런 사태까지는 이르지 않았을 것이오. 우리가 여러 차례 경고하지 않았소? 어서 한국을 구하시오!"라고 소리쳤어. 맥아더 장군은 곧바로 도쿄 사령부의 무기 담당이었

던 히키 장군에게 지시해 전투기 10대, 곡사포 72문, 바주카포 등을 긴급 지원하겠다고 약속했지.

그런데 상황은 점점 더 어려워졌단다. 26일 밤에는 소련제 **야크기**가 서울 상공을 돌며 **중앙청** 근처에 기관총 공격을 퍼부었고 의정부까지 함락됐다는 소식이 들리니 **참모**들은 대통령에게 안전한 곳으로 옮겨갈 것을 건의했어. 밤 9시, 서울시경 국장은 "서대문형무소의 수천 명 공산분자들이 탈옥한다면 인왕산을 넘어 제일 먼저 여기로 오니 각하께서 일시 후퇴하셔서 이 전쟁의 전반을 지도하셔야 합니다"라고 했지. 그날 밤 11시에 미국 무초 대사는 애치슨 국무장관에게 "모든 징후로 보아 상황이 너무 급속히 악화되고 있어서 우리가 탈출하지 못할 수도 있다"라는 긴급 전문을 보냈단다.

27일 새벽 1시, 이승만은 주미대사에게 다시 전화해서 "속히 트루먼 대통령에게 무기와 탱크 지원을 요청하라"라고 했어. 이 요청으로 트루먼은 "대한민국에 상당한 무기와 탄약을 수송하라는 명령이 내려졌고, 이 장비는 곧 군사 상황에 영향을 미칠 것"이라고 답했지.

27일 새벽 2시, **경무대**에 있던 이승만에게 참모들이 몰려와 "사태가 매우 급합니다. 빨리 피하셔야겠습니다"라고 하자 "나보고 서울을 버리고 떠나란 말인가? 내가 떠나면 국민은 어떻게 하겠나? 우리는 서울을 사수해야 한다"라고 했어. 조병옥 내무장관이 이승만의 고집을 꺾으려 했지만 요지부동이었지.

야크기
(Yak機)
소련의 프로펠러 추진식 전투기

중앙청
(中央廳)
서울시 세종로 1번지에 있던 중앙 정부의 청사. 일제 때 조선 총독부 건물로 사용되던 것을 광복 후 중앙청으로 바꾸어 부르고 정부 청사로 사용되다가 1996년 철거됨

참모
(參謀)
윗사람을 도와 어떤 일을 꾀하고 꾸미는 데에 참여함. 또는 그런 사람

경무대
(景武臺)
청와대의 전 이름으로 우리나라 대통령의 관저

이때 프란체스카가 "지금 같은 형편에서 <u>국가 원수</u>에게 불행한 일이 생기면 더 큰 혼란이 일어날 것이라고 염려됩니다. 그렇게 되면 대한민국이 살아남기 어렵게 되니 일단 수원까지 내려갔다가 곧 올라오는 게 좋겠습니다"라고 간절하게 부탁했어. 어느 나라건, 전쟁이 일어났을 때 군통수권자인 대통령이 안전한 후방에서 전쟁을 지휘하는 것이 당연했기 때문이야. 특히 나라가 세워진 지 2년도 채 안 된 신생 국가였던 대한민국에서 대통령의 안전은 정말 중요한 일이었어. 전쟁 상황을 논의하고 대

> **국가 원수**
> (國家 元首)
> 한 나라에서 으뜸가는 권력을 지녀 나라를 다스리는 사람

책을 협의할 국가안전보장회의도, 정보를 수집하고 정책 판단에 도움을 줄 국가정보원도, 작전을 직접 지도하고 수행하는 합동참모본부도 없었고, 국가 위기 해결을 위한 국가 안보 시스템이나 매뉴얼도 존재하지 않았지. 그 당시 대통령이 적에게 잡힌다면 남한은 그대로 공산국가가 된다는 것을 의미했어. 새벽 3시, 북한군 전차가 청량리에 진입했다는 보고를 받자, 결국 대통령은 경무대를 떠나 서울역으로 향하게 된단다.

당시 청량리에서 경무대까지는 4km도 채 안 되는 가까운 거리였어. 또 창동까지 진출한 적의 포병 사거리로는 경무대를 충분히 타격할 수 있는 거리였지. 북한군이 마음만 먹으면 대통령을 생포하거나 죽일 수도 있는 절체절명의 순간이었어. 게다가 북한군 전투기들이 경무대에 총을 쏘며 항복하라는 전단까지 뿌릴 정도였으니 더 이상 지체할 상황이 아니었단다.

그렇게 27일 오전 11시, 대통령을 실은 기차가 대구에 도착했지. 이틀 동안 뜬 눈으로 밤을 새우다시피한 이승만이 기차에서 잠시 잠들었다 깨어나자 자신의 판단이 잘못됐다고 여겨, 서울로 다시 올라가겠다고 실랑이를 벌였어. 이승만은 "조금이라도 서울 가까운 곳으로 가야 한다"라고 우겼고, 측근들은 위험하다며 만류했지. 윤치영 초대 내무장관이 "전투는 군인이 하는 것이고, 일국의 대통령은 다소 안전한 후방에서 지휘해야 한다"라며 이승만의 고집을 꺾었고 20분 만에 북상하여 대전역에 도착하게 됐단다.

너무 긴박한 상황이었다냥!

다행이야..!

27일 오후 5시, 미국 대사관의 드럼라이트 참사관은 대전역사에 있던 대통령을 찾아와 유엔 안보리가 참전을 결정했고 미국도 적극 지원하겠다고 결정한 사실을 전했지.

에버릿 F. 드럼라이트 (주한 미국 대사관 참사관)
"이제는 각하의 전쟁이 아니라 우리의 전쟁입니다!"

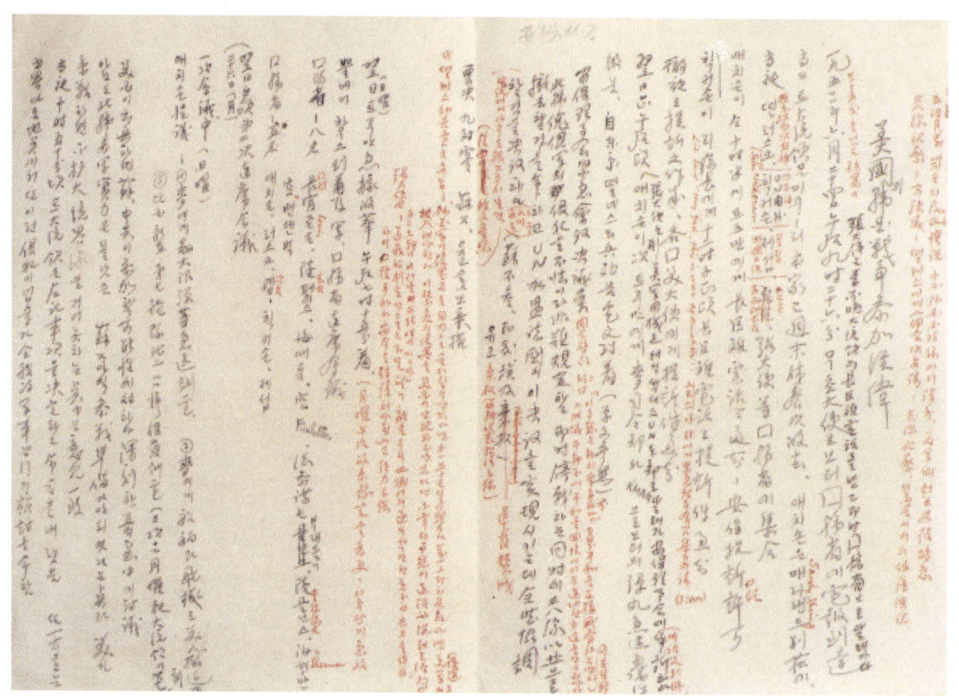

장면 주미대사가 미국의 6·25전쟁 참전 경위를 정리한 문서
미국의 참전이 어떻게 결정되었는지 자세히 기록되어 있어.

미국은 공식적으로 "이제는 각하의 전쟁이 아니라 우리의 전쟁이다(This is not your war but ours)"라고 선포했고 이 이야기를 들은 이승만은 불안에 떨고 있을 국민에게 한시라도 빨리 이 소식을 알리기 위해 라디오 방송을 하기로 결심했단다.

대전에 머물고 있던 대통령의 육성 연설을 서울로 송출해서 전국으로 나갈 수 있도록 하고, 밤 9시에 생방송을 시작했어. 그런데 서울 방송국에서는 생중계 대신 연설을 녹음해서 송출하기로 한 거야. 연설은 "유엔에서 우리를 도와 싸우기로 하였고, 이 침략을 물리치기 위해 물자를 날라와 우리를 도울 것이니 국민들은 좀 고생이 되더라도 굳게 참고 있으면 적을 물리칠 수 있다"라는 요지의 내용이었어. 밤 9시에 시작한 연설을 13분 분량의 음성으로 녹음하여 밤 10시부터 세 번 연속으로 반복 송출이 될 당시 서울은 이미 함락되기 직전이었지. 시시각각으로 변하는 상황이 연설 내용과는 다르게 흘러갔어. 연설이 방송되고 얼마 지나지 않아 한강교가 폭파됐고, 그로 인해 이승만은 엄청난 비난을 사게 됐지. 이 라디오 연설은 국민을 기만하려고 했던 것이 아니라 한시라도 빨리 국민에게 희망을 주고 싶은 마음에서 비롯된 것이었지만, 긴박한 전쟁 상황에서 어긋난 타이밍으로 인해 안타까운 오해를 낳게 된 거야.

너무 속상해!

이승만의 1950년 6월 27일 라디오 연설
영문 감청 기록을 토대로 번역한 번역본 전문

내가 지나간 오륙 차 동안 연속으로 자랑한 것은 군사상 원조가 온다는 사실입니다. 그것은 내가 올 것을 믿고, 안 까닭으로 그렇게 말한 것입니다. 그러나 민주정치 하는 나라에서 그것은(군사적 원조가 오는 것은) 시간이 걸리고, 나는 상당한 시간 동안 침묵해야만 했습니다. 내가 한 말이 성과가 없는 것처럼 보였기 때문입니다.

지금에 와서는 우리 원수들이 사방에서 중무장한 비행기와 탱크와 군함을 몰고 와서 밀고 들어오고 있습니다. 우리 군경은 역경을 무릅쓰며 사방으로(성공적으로) 싸우고 있습니다. (어제) 의정부 일대에서는 적군이 중무장한 수십 대의 탱크를 앞세워 밀고 내려왔습니다.

우리 군인들은 전혀 준비되지 않아 처음에는 어쩔 줄 몰라 했으나, 나중에는 침략하는 도로에 지뢰를 매설해 탱크를 격파하는 시도를 했습니다. 그러자 적군은 탱크를 세우고 내려서 지뢰를 제거하며 계속 전진했습니다.

우리 군인들은 지뢰를 치우는 적군을 소총으로 저격하고자 했으나, 장거리 소총으로 무장한 적군에 반해 우리 군인들은 그런 무기가 없어 대적하기가 어려웠습니다.

그 당시 연설은 'Archives KBS 유튜브 채널'과 '대한민국역사박물관 홈페이지'에서 들어볼 수 있다냥!

무기도 없이 적과 대적하기가 어려웠지만, 그럼에도 우리 군인들은 맨손으로 용감히 싸웠습니다. 결국 적군의 선봉대는 서울 외곽 수십 리 지점까지 오게 되었습니다.

이런 상황을 보고 나는 워싱턴과 동경에 밤과 이른 새벽 시간에 전화와 전보로 연락을 취해, 맥아더 장군과 통화를 했고 (워싱턴 주재 우리 대사를 통해) 트루먼 대통령과도 통화를 했습니다. 내가 말한 바는 적이 우리 대문을 침입하는데, 우리가 가만히 앉아서 당할 수만은 없다는 것입니다.

> **리**
> **(厘)**
> 거리의 단위. 1리는 약 393m에 해당되나 편의상 400m로 간주하는 경우가 대부분임

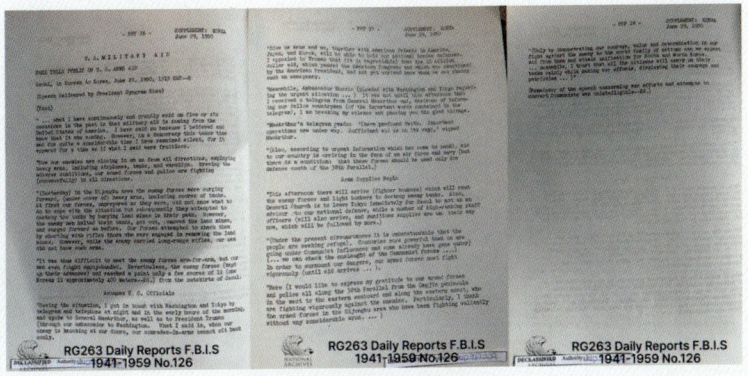

이승만 대통령의 연설 문서
대통령의 1950년 6월 27일 라디오 연설을 미국 CIA 소속 해외방송정보국(FBIS, Foreign Broadcast Information Service)이 감청해 작성한 영문 기록이야.

우리에게 무기를 준다면 우리는 미국, 일본, 한국에 있는 우리의 친구들과 함께 온 국민이 나서 국경을 방어할 수 있습니다.

나는 트루먼에게 미국 의회를 통과하고 미국 대통령 승인도 난 1,000만 달러 원조가 우리가 이와 같은 비상사태를 맞이하고 있을 때 도착하지 않은 것에 대해 (유감이라고) 호소했습니다. 그 사이에 무초 대사의 노력도 있고 하여 (우리보다 더 긴급히 워싱턴과 도쿄에 이 상황을 호소하여), 오늘 오후에는 맥아더 장군이 내게 보낸 전보에서 중요한 언급을 하였기에, 이를 동포에게 급히 알리고자 그동안 침묵하고 있던 바를 모두 철파하고, 이 기쁜 소식을 방송하는 것입니다.

맥아더 장군의 전보는 다음과 같습니다. ('깊은 믿음을 가져야 합니다. 중대한 작전이 준비되고 있고, 충분한 원조가 가는 중입니다') 맥아더의 서명도 있었습니다. 또 다른 긴급한 정보 보고는 한국 원조가 해군과 공군 양방향으로 진행되고 있다고 전하고 있습니다. (그러나 이 원조는 오직 38선 이남을 방어하는 목적으로만 사용되어야 합니다)

오늘 오후에는 전폭기를 보내서 침략자들을 격파하고, 전투기로는 탱크를 공격한다고 합니다. 또한 처치(Church) 장군은 즉시 동경에서 서울로 와 우리 국방 사무에 고문으로 도울 것이며, 고급 참모들도 (여럿이 오고, 군사 원조물자도 지금 오는 중이며, 또한 계속해서 올 것이라고 합니다.)

(현재 상황에서 국민이 피난을 떠나는 것은 이해할 수 있습니다.) 우리보다 더 유력한 나라들도 공산당 세력 수중에 넘어갔고, 일부는 넘어가는 중입니다.

(우리는 공산당의 공격을 막을 수 있습니다.) 우리 위험을 극복하기 위해서는 우리 군대가 강력하게 싸워야 합니다.

(원조가 도착할 때까지) 여기서 (서쪽 옹진반도부터 동해까지 38선 모든 지역 그리고 동해안을 따라 내려가는 전선에서 적과 힘차게 싸우고 있는 우리 군과 경찰 여러분께 감사의 말씀을 드립니다. 특별히, 의정부 지역에서) 무기도 없이 용감히 싸우는 군인들에게는 더욱 고맙습니다.

적과의 싸움에서 우리가 용기, 힘, 결단력을 가지고 있음을 세계에 보여주어야만 우리는 그들로부터 지원을 받아 남북한의 통일을 달성할 수 있습니다. 동시에 나는 모든 시민이 전쟁이라는 과제를 수행하면서 용기와 애국심을 발휘하여 차분히 자신의 임무를 수행할 것을 믿어 의심치 않습니다.

※영문 기록과 음성파일에서 식별이 가능한 부분을 최대한 정리해 연설 내용을 복원하였기에 상당한 의역을 하지 않을 수 없었음을 밝힘

'안심하고 서울을 지켜달라'는 내용이 아니라, '군사원조가 있는 만큼 좀 더 힘을 내 달라'는 내용이구나

28일 새벽 1시 반, 8대의 북한군 전차가 돈암동에 도착하여 서울 시내를 향해 전차포를 무차별로 쏘아댔어. 새벽 2시, 채병덕 육군총참모장이 '북한군 탱크가 창경궁에 도착했다'라고 보고받자 즉시 공병감 최창식 대령에게 "한강교를 즉시 폭파하라!"라고 명령했지.

당시, 한강에 놓인 다리는 5개였고, 한강교 폭파 작전은 사전에 미군과 합의되어 있었어. 북한군이 한강 이남으로 내려오

는 것을 막으려면 한강교 폭파는 피할 수 없었기 때문이야.

하지만 "미아리에서 주력 부대가 싸우고 있는데, 국군을 다 죽일 작정이냐!"라고 군 내부에서 난리가 나자 '아차' 싶었던 참모부장이 "국군 주력이 통과할 때까지 폭파를 중지하라"라는 명령을 내렸어. 하지만 담당 군인이 변경된 명령을 전달하러 한강교에 도착하기 직전, 다리는 폭파되고 말았단다. 북한군이 한강에 나타난 건 그로부터 6시간 뒤였으니 계획보다 빨리 폭파된 거야.

폭파된 한강다리 위치

한강 다리를 폭파하는 순간, 인도교 위에 민간인이 얼마나 있었는지에 대한 정확한 기록은 없어. 수백 명에 이르는 민간인 사상자가 있었다는 설이 있지만 당시 정황을 살펴보면, 인도교 입구는 군인과 경찰에 의해 통제된 상태였기 때문에 수백 명의 민간인이 다리 위에 있었을 가능성은 희박하다고 볼 수 있지.

한강 인도교 폭파 현장에 3명의 미국 종군 기자가 있었고 그들은 폭파 지점에서 23m 떨어진 제1상판 위에서 지프차에 타고 있었어. 이들은 폭파 현장에서 극적으로 살아남아 이 사건과 관련된 기사를 남겼지. 특히 당시 37살이었던 카이스 비치(Keyes Beech)는 뒷좌석에 앉아 다른 두 기자와는 달리 부상을 입지 않았기에 인도교 폭파 사건의 진상을 보여주는 가장 중요한 기록을 남길 수 있었어. 그는 한국

한강 인도교 폭파 현장에 있었던 세 명의 종군기자들
왼쪽부터 프랑크 기브니(Frank Gibney), 카이스 비치(Keyes Beech), 버튼 크레인(Burton Crane) 기자야.

전쟁 관련 기사들로 1951년 퓰리처상까지 받았는데, 직업적으로 훈련된 베테랑 종군 기자들이 작성한 현장 보고서는 가장 정확한 사료라고 할 수 있지. 폭파 현장을 직접 목격한 종군 기자들의 기록에 따르면, 당시 인도교는 헌병의 지시에 따라 엄격하게 통제되고 있었어. 물론 민간인 희생자의 존재 가능성이 전혀 없다고 할 수는 없지만, 사망자의 대다수는 트럭에 실려 이동하던 군인이었지. 하지만 그 숫자는 세간에 부풀려진 민간인 사망자 수와는 큰 차이가 있단다.

종로경찰서의 보고에 따르면 28일 2시 반, 트럭 8대에 병력을 나누어 싣고 한강 인도교를 건너던 트럭 중 4대는 무사히 건넜어. 그런데 5번째 차량부터 교량과 함께 폭파됐고, 확인된 사망자는 경찰 77명 정도였지. 이것은 미국 종군 기자 기브니(Gibney)가 표현한 '100명 이상의 사상자'라는 수치와 어느 정도 맞닿아 있단다.

대동강 철교를 건너는 피난민들
(1950.12. 퓰리처상 받은 사진)

한강 철교 옆에 놓은
부교를 건너는 피난민들(1951. 4. 29)

어쨌든 예상보다 일찍 한강 다리가 폭파된 바람에 우리 군의 지휘체계가 송두리째 무너져 전투력에 엄청난 손실을 보고 말았어. 한강 이북에서 싸우고 있던 국군 6개 사단 등 수많은 국군이 죽거나 포로가 됐지. 또 150만 명에 이르는 서울 시민이 피난을 가지 못해 북한 인민군 치하에서 끔찍한 고통을 겪어야 했어. 하지만 한편으로는 북한군이 임시 다리를 만드느라 한강 이북에서 3일이 지체되었고, 그 덕분에 미국 지상군이 파병될 수 있는 시간적 여유를 확보할 수 있었지.

이후 한강교 폭파 책임을 놓고 군사 재판이 열렸을 때, 최창식 대령에게 책임을 물어 처형했어. 하지만 전쟁의 불확실성으로 인한 정당성이 인정되면서 무죄 판결을 받게 되어 명예가 회복되었지. 명령을 내렸던 채병덕 육군총참모장은 책임을 지고 자리에서 물러난 뒤 전투 중 북한군의 총탄을 맞아 전사했단다.

한강교 조기 폭파는 북한군이 맹렬하게 내려오던 매우 급박

한 상황에 우리 군 지도부의 실수로 벌어진 사고였어. 물론 대통령이 직접 폭파 지시를 내린 것은 아니지만 사안의 중대성으로 볼 때, 군 최고 통수권자로서 책임을 피할 수는 없을 거야.

다만 전쟁이라는 것은 우리가 생각하는 것처럼 합리적이고 논리적으로 진행되진 않아. 각자의 자리에서 나라를 지키기

미 공군기가 북한군의 남진을 저지하기 위해 한강철교를 폭파하는 사진(1950.7.3)
오른쪽에 보이는 한강 인도교가
6월 28일 우리 육군 공병대가 폭파한 인도교의 모습이란다.

위해 애썼지만 예상치 못한 사고가 났으니 참 안타까울 뿐이야.

북한의 남침으로 군사 한계선이 낙동강까지 밀렸을 때, 미국은 임시정부를 제주도로 옮길 것을 권유했어. 하지만 이승만은 절대 한반도를 떠날 수 없다며 부산을 임시 수도로 정하고 끝까지 싸웠지. 그는 전쟁 내내 우리 영토 바깥으로 한 발자국도 나가지 않았단다.

그럼에도 어떤 사람들은 이승만이 '거짓 방송으로 국민을 속이고, 혼자 살려고 한강 다리를 끊고 도망갔다'거나 '일본으로 몰래 망명하려 했다'라고 주장하지. 무척 악의적인 거짓말이지만, 전쟁 초기 열악한 안보 속에서 한반도의 공산화를 막고, 미국과 강력한 군사 동맹까지 맺었던 이승만에게 국내외에 많은 적들이 있었다는 것을 생각하면 조금은 이해가 된단다.

인천상륙작전과 북진통일

맥아더 장군(유엔 연합군 총사령관)은 부산 쪽에서 충돌하면 피해가 너무 클 것으로 생각했기에, 적의 뒤통수를 치는 인천상륙작전을 생각해냈다.

인천으로 들어가는 바닷길은 좁고 조수간만의 차가 너무 커서 작전 성공 확률은 1/5000이었지만, 성공할 확률이 낮으므로 적들도 방심할 것이었기에 밀물이 가장 많이 들어오는 날 자정에 작전을 실행했다.

인천상륙작전을 지휘하는 맥아더 장군

인천에 상륙하는 유엔군

맥아더 장군은 유엔 연합군이 상륙할 장소를 숨기기 위해 다른 지역으로 상륙할 것이라는 거짓 정보를 흘리고, 인천에는 첩보 부대를 보내 적의 병력이 어떠한지 알아보았다. 그리고 낙동강 위의 장사 지역으로 병사들을 상륙시켜서 북한군의 시선이 쏠리게 했다.

트럭을 타고 전선으로 향하는 학도병들
미군도 육군도 마다한 위험한 임무를 해낸
772명의 학도병들의 전투 '장사상륙작전'이야.

장사 지역에 파병된 군사들은 772명의 어린 학도병들로, 나라를 지키겠다고 자진 입대한 청년들로 구성되었다. 그들은 악조건 속에서도 열심히 싸웠고, 북한의 시선이 모두 장사리로 쏠린 순간, 유엔 연합군이 인천상륙작전을 펼칠 수 있었다. 선발대가 인천 앞바다 등대를 점령해 불빛을 밝혔고, 북한군의 보급로를 끊어 서울을 탈환하는데 성공했다.

미국은 38선까지만 되찾고 전쟁을 끝내길 원했지만, 이승만은 "38선이 어찌 되었다는 것인가, 무슨 철조망이라도 쳐있다는 것인가, 장벽이라도 쌓여 있다는 것인가, 넘지 못할 골짜기라도 있다는 것인가?"라고 호통하며, 이대로 북진하여 통일할 것을 강력히 주장했다.

1. 38선을 돌파하고 북진중인 육군 용사들
2. '우리의 영도자 이승만' 현수막을 건 이승만 평양 입성 환영대회
3. 이승만을 환영하는 평양 시민들

그렇게 한국군은 북으로 올라가기 시작했고, 10월 19일 평양을 점령했다.

10월 30일, 평양에 도착한 이승만은 10만 군중 앞에 서서 "평양 시민 여러분 얼마나 고생이 많았습니까? 이렇게 늦게 와서 미안합니다. 우리는 통일을 해야 합니다. 뭉치면 살고, 흩어지면 죽는 것입니다"라고 말했고, 뒤이어 평양 시민의 손을 붙잡고 다독였다. 이것은 당시 평양탈환 부대장이었던 백선엽 장군의 증언이다.

그런데 두만강과 압록강까지 진격하여 통일을 눈앞에 둔 한국군 앞으로 중공(지금의 중국)군이 새까맣게 밀려오기 시작했다. 엄청난 사람 수로 밀고 내려오는 중공군을 피해 한국군은 다시 38선까지 내려올 수밖에 없었고, 전쟁은 38선에서 잠시 멈추게 됐다.

국군이 압록강에 도달하여 태극기를 흔드는 모습
국군 용사들이 만주를 눈앞에 바라보는 압록강 기슭에 도달하여 감격에 벅차 태극기를 흔들며 만세를 외치고 있어.

전 세계를 놀라게 한 반공 포로 석방

아직 전쟁 중이었던 1952년, 4년이라는 대통령 임기가 끝나 가던 이승만은 한 가지 큰 결심을 하게 돼. 국회의원이 대통령을 뽑던 간선제 방식을 전 국민 투표로 뽑는 직선제로 바꾸기로 한 거지. 이것을 '1차 개헌'이라고 하는데, 이승만은 개헌에 반대하는 국회의원들의 투표를 강압적인 방법으로 방해했어. 그래서 거의 100%에 가까운 찬성으로 직선제가 통과됐지.

사람들은 이 개헌을 단지 이승만의 대통령 재선을 위한 개헌으로 낙인찍었어. 그런데 역사의 한 사건을 해석할 때는 시대적 배경을 염두에 두어야만 한단다.

1차 개헌 과정은 사실상 6·25 전쟁을 도우러 온 미국과 이승만의 정면 대결이었어. 미국은 빨리 전쟁을 끝내고 싶었기 때문에 '통일 미치광이 이승만'을 제거하고, '미국 말 잘 듣는 대통령'을 세우기 위해 몰래 야당을 지원했지.

그런데 이승만은 자신이 대통령 직에서 물러난다면 우리나라 상황이 어떻게 될지 뻔히 보였던 거야. 미국은 얼렁뚱땅 휴전을 선포하고 한반도에서 떠날 것이고, 북한은 또 다시 남침하여 공산화하려고 했겠지. 그러니 대한민국의 공산화를 막기 위한 절박한 심정으로 대통령 직을 이어갔는데, 이때부터 이승만을 '독재자'라고 부르는 사람들이 나타나기 시작했어.

> **개헌 (改憲)**
> 헌법을 고침

역사의 한 부분을 볼 때 시대적 배경을 염두에 둬야 한다용!

6·25 전쟁이 장기화되면서 미군 178만여 명이 동원됐는데, 그중에 5만 명이 넘게 죽고, 10만 명이 넘게 다쳤지. 또 엄청난 달러를 한국에 쏟아 부었으니 미국 경제는 힘들어졌어. 제2차 세계대전을 오래 겪은 데다, 잘 알지도 못하는 나라를 위해서 많은 물자와 인재가 희생되니 미국 국민은 회의를 느꼈지.

　　제2차 세계대전을 승리로 이끈 아이젠하워가 대통령 선거에 출마하면서 내건 첫 번째 공약도 6·25 전쟁을 끝내겠다는 것이었어. "내가 세계대전 같은 큰 전쟁도 끝장낸 사람이다. 이런 조그만 나라에서 벌어지는 전쟁, 한 방에 끝내겠다"라고 하자 국민은 그에게 표를 몰아줬고, 아이젠하워 대통령은 '휴전'이라는 방법을 선택하게 돼.

　　미국은 3년 동안 한국을 위해서 할 만큼 했으니 이제 한국은 한국인들이 지키라며 휴전선을 긋고 떠나면 미국으로서는 골치 아픈 일을 처리한 것이겠지만, 한국으로선 여전히 적들에게 둘러싸여 있

회의
(懷疑)
마음속에 품고 있는 의심

**한국전쟁을 끝내는 것을
첫째 공약으로 내세운 아이젠하워**
일리노이주의 시카고 시에서, 한국전쟁 정전을 선거 공약으로 내세운 아이젠하워 후보가 대통령 선거전에 유세를 하는 모습이야. (1952.7.9)

게 되는 것이었지.

휴전선 너머에는 북한이, 압록강만 건너면 대한민국보다 백 배 이상 크고 강했던 중공이, 또 두만강 건너편엔 대한민국 면적의 250배쯤 되는 거대한 공산주의 종주국 소련이 있었어. 북한, 중공, 소련이라는 공산국가가 다시 한번 쳐들어온다면 한국이 공산화될 것은 불을 보듯 뻔한 현실이었지.

아이젠하워 대통령은 휴전협정을 추진해 나갔어. 그런데 이승만의 계속되는 반대로 몇 차례나 협상에 실패했지. 미국은 눈엣가시 같은 그를 없애 버리기 위해 '에버 레디 플랜(Ever ready plan)' 즉 '이승만 암살 작전'을 세우고, 실행에 옮겼으나 실패하고 말아.

휴전협정의 막바지 단계에 이르러 포로 교환 절차가 남아 있었어. 포로 교환의 국제 원칙은 '어디서 싸우고, 잡혔더라도 휴전 이후에는 각자의 고향으로 돌아가는 것'이었지. 그런데 남한에 잡혀있던 북한군 포로들이 북으로 돌아가지 않겠다고 하는 일이 벌어진 거야.

미군이 조선 사람을 잡으면 눈알을 뽑고 생체실험을 한다고 배웠는데, 막상 포로가 되어 한국에 살아보니 그렇지 않아. 무엇보다 민주주의라는 제도가 참 멋있다고 생각하게 된 거지.

그래서 '고향은 북한이지만 나는 안 돌아간다. 공산주의가 싫다. 나는 자유 대한에 귀순하겠다'라는 의사를 밝힌 북한군 반공 포로가 무려 3만 명이나 됐어. 그런데 아이젠하워는 제네바 협정에 따라 본인의 의사와 상관없이 북한군이라면 무조건 북으로 돌려보내라고 했지.

반공 포로 석방 문제를 놓고, 이승만은 "본인들이 자유민주주의 체제에 귀순하겠다는데, 그들의 인권을 무시하고 강제로 북한에 돌려보내면 반동분자로 몰려서 다 죽게 될 것이다. 우리 동족 청년 3만 명을 억지로 보내서 모두 학살당하게 만드는 것이 민주주의 인권 국가이자 기독교 국가라는 미국이 할 짓이냐"라며 아이젠하워에게 따졌어.

아이젠하워는 '약소국 대통령이 거참 시끄럽게 하네'라며 무시했지만, 이승만은 "그렇게 한국을 무시하다가는 큰 코 다칠 거다"라며 최후 경고를

'통일 없는 정전 절대 반대'를 외치는 시민들

북한에서 돌아온 국군 포로를 맞이하는 대통령 부부

전쟁이 끝나가는 1953년 7월 북에서 돌아온 국군 포로들을 문산까지 나가 맞이하는 모습이야.

반공 포로들의 환영을 받는 대통령

1952년 7월 9일 거제도 포로수용소를 방문해 "이제 너희들은 대한민국 국민이다, 통일을 위해서 같이 싸우는 거야"라고 말하는 78세 대통령의 당당한 모습이란다.

날린단다. 그리고 말로만이 아니라 한다면 하는 사람이라는 것을 미국과 전 세계 앞에 보여주었지.

태극기 휘날리며 자유를 향하여 행진하는 반공 포로들
북한으로 돌려보내면 당장 학살당했을 젊은이들이 태극기를 휘날리면서 이승만 대통령의 초상화를 들고 행진하는 모습이야. 그들은 강대국에 맞서 약소국의 젊은 생명들을 구한 인물이 누구인지 알고 있었어.(1953)

반공 포로들은 곳곳에 수용되어 미군이 관리하고 있었어. 이승만은 헌병대에 반공 포로를 빼낼 수용소를 정해주고, "미군을 기습하여, 북으로 보내지면 학살당할 우리 동족 3만 명을 구출해내라. 단, 미군에게 총은 쏘지 마라!"라고 명령을 내렸지.

명령을 받은 국군은 "일본 제국주의, 북한 공산주의와 싸우고 마지막에는 대한민국을 도와준 고마운 나라인 미국하고 싸워서라도 우리 민족을 살려내겠다는 이승만 대통령 최고다"라며 힘을 냈어. 그 당시 대부분의 국군은 글자를 읽을 줄 몰랐지만 머리를 맞대고 기발한 전략을 세워 다양한 방법으로 포로들을 탈출시켰단다.

철조망을 미리 끊은 뒤, 다시 실 같은 것으로 표 안나게 묶어 놨어. 그리고 우리 헌병대가 신호를 보내면 포로들은 철조망을 쉽게 끊고 탈출했지. 또 땅굴을 파서 땅 밑으로 빼내기도 했어.

4. 전쟁에서 나라를 지킨 이승만

큰 성공을 거두었던 방법이 또 있어. 총을 들고 지키는 미군에게 다가가 한국 병사는 먼저 인사를 해. '굿모닝' 하고 활짝 웃으면 '저 코리안 보이가 기분이 좋은가 보다' 하고 미군도 웃지. 삼엄한 경계 태세가 조금 느슨해진 사이, 미군과 악수하는 것처럼 손을 내미는 찰나에 옷소매에 감추어둔 고춧가루를 꺼내 미군의 눈과 코에 확 뿌리는 거야. 미국 사람들이 매운 음식을 잘 못 먹는데, 고추가루를 맞았으니 얼마나 놀랐겠어. 그렇게 총을 뺏고, 그 틈에 포로들을 탈출시켰던 거지. 헌병대가 탈출시킨 반공 포로가 27,389명이나 된단다.

이 사건으로 전 세계가 발칵 뒤집혔어. 세계 최강대국 미국이 우방이었던 한국에 기습을 당해 2만 7천여 명의 포로를 뺏겼다고 난리가 난 거야. 그러자 아이젠하워 대통령은 장관들을 모아 놓고 이승만 제거를 위한 두 번째 '에버 레디 플랜(Ever ready plan)'을 논의했지. 하지만 이승만을 대체할 수 있는 인물이 없을뿐더러 국민의 절대적 지지를 받는 그를 제거할 순 없었어.

아이젠하워 대통령은 어쩔 수 없이 하루 만에 꼬리를 내리고 말았지. 6월 18일에 "미국은 이승만이라는 또 다른 적을 만났다"라고 했었는데, 6월 19일에는 "우리는 한국으로부터 절대 퇴장하지 않는다. 공산주의자들이 한국을 차지하도록 결코 방치해서도 안 된다. 이승만의 불굴의 의지를 미국은 끝까지 지원한다"라고 성명을 발표했어.

과감하고 아슬아슬한 행보를 이어갔지만, 나라를 살리고자

하는 이승만의 결심만은 확고했고, '반공 포로 석방'이라는 승부수를 통해서 미국의 정책을 바꿔 놓게 된단다.

미국 기업가들과 기독교인들은 갈채를 보냈어. 상원의원 몇 명은 "이승만 봐라. 저렇게 끝까지 싸워야지, 미국이 언제부터 겁쟁이처럼 공산당 무섭다고 도망치느냐"라며 이승만을 지지했지.

여론은 "저 조그만 나라 대통령이 대단하다. 자기 민족을 살리려고 미국하고도 맞짱뜨는구나"라며 이승만을 긍정적으로 평가했어. 오히려 바보같이 한국에게 당한 아이젠하워 대통령을 비판했지.

특히 방송국과 신문사를 몇 개씩 갖고 있던 윌리엄 랜돌프 허스트는 열렬한 이승만 지지자가 됐어. 이승만을 지지하는 내용을 담은 신문 수백 만 장을 뉴욕에 뿌리기도 했고, 아이젠하워 대통령을 비판하는 방송을 하루종일 하기도 했단다.

"용감한 한국인은 싸우다가 죽을지언정 공산당에게 무릎 꿇지 않는다!"

이승만은 골리앗과 맞섰던 다윗과 같은 인물로 영웅이 됐어. 아이젠하워 대통령은 무능한 겁쟁이 대통령이 되어 인기가 떨어지게 됐지. 그의 전기에 "이승만의 반공 포로 석방 때문에 정치 인생 최대의 위기를 맞았다"라고 쓰여 있었단다.

전기
(傳記)
한 사람의 일생 동안의 행적을 적은 기록

특사
(特使)
특별한 임무를 띠고 한 나라를 대표하여 외국에 파견되는 사람

우리에게 일방적으로 유리한 한미상호방위조약

아이젠하워 대통령은 부랴부랴 로버트슨 국무부 차관을 특사로 파견했지. 그리고 18일 동안 14번에 걸쳐 회담을 했어.
로버트슨 국무부 차관은 "3년 동안 우리 미국이 할 만큼 했

으니, 휴전협정 맺는 것을 방해하지만 않는다면 당신이 원하는 것을 다 들어주겠소"라며 협상에 들어가지만, 이승만은 첫 날 회담이 시작되고 2시간 동안 미국이 잘못한 점을 지적하면서 "이런 식으로 한국을 버리고 가려면 가라. 우린 끝까지 싸우다 죽겠다. 미국이 그딴 식으로 하고 잘 되나 보자"라며 엄포와 협박을 늘어놓았지. 첫 날 회담이 끝나고 로버트슨 국무부 차관이 국무부에 보낸 전보가 현재는 기밀이 해제되어 일반에 공개되어 있어.

"이승만은 책략이 풍부하고 빈틈이 없는 인물이다. 이승만은 본인이 미국을 궁지에 몰아넣었다는 사실을 잘 알고 있다. 이승만의 철저한 반공주의와 불굴의 정신은 지원되어야 한다."

미국은 어떤 식으로든 휴전협정을 맺고 떠나야 하는 상황인데, 이승만이 반공 포로 석방 건으로 판 자체를 깨버렸지. 이렇게 되면 휴전협정이 어려워지고, 아이젠하워 대통령의 인기는 계속 떨어져 그의 정치 생명이 위협받는다는 것을 알았던 거야. 미국의 약점을 정확하게 겨냥해서 대한민국이 필요한 것을 받아내려했던 고단수 외교였지. 결국 이승만은 휴전협정 체결 조건으로 미국으로부터 3가지 약속을 받아냈단다.

첫째는 '한미상호방위조약'이야. 한국의 안전 보장을 위해 미

한미상호방위조약 서명

대통령이 지켜보는 가운데 변영태 외무장관과 덜레스 미국 국무장관이 한미상호방위조약에 서명하고 악수하는 모습이란다.(1953.8.8)

한미원조 조인식

한미원조 1,500만불 조인식에 참석한 유완창 부흥부 장관과 주한미국 대사 엘리스 브리그스의 모습이야.(1955)

국과 맺은 군사 동맹이지. 미군을 최전방에 배치하여 북한이 남침할 수 있는 24개 길목을 지키게 했어. 미국은 북한군이 쳐들어오면 해외에 주둔한 미군이 공격당한 것으로 간주하기로 했지. 북한과 남한의 전쟁이 아니라 북한과 미국의 전쟁으로 생각하고 싸운다는 거야.

그런데 세계 최강대국인 미국을 상대로 전쟁을 일으킬 어리석은 사람은 없겠지. 바로 이 조약 때문에 지금까지 북한이 다시 남침하지 못했고, 그 어떤 나라도 우리나라를 쉽게 여기지 못하는 거란다.

둘째는 한국이 잘 살도록 돕는 것이었어. 자유민주주의를 하면 얼마나 근사한 나라가 되는지 한국을 통해 세계에 보여주라는 거였지. 이 조항 때문에 미국은 한국에 엄청난 경제 지원을 했고, 각종 기술까지 무료로 제공했어.

지금은 한국이 세계적인 기술을 보유한 국가가 되었지만, 그 당시만 해도 농사짓는 기술밖에 없었거든. 그래서 우리나라는

미국으로부터 건축, 화학, 석유, 전자 기술 등 수많은 기술을 배웠고, 대한민국 1년 수출액의 34배나 되는 원조금을 한 번에 받기도 했지.

셋째는 육군 20개 사단과 해군, 공군의 대폭 증강 및 현대화를 위한 원조였어. 휴전 당시 한국군은 아무런 장비도, 어떤 체제도 갖춰져 있지 않았지. 이 상태로 또 다시 전쟁을 겪게 된다면 더한 어려움이 있을 것이 분명했기 때문에 한국군이 자립할 수 있도록 미국의 원조를 받아냈단다.

1953년 7월 27일, 우여곡절 끝에 6·25 전쟁의 휴전협정이 이루어졌고, 이 협정을 방해하지 않는 조건으로 8월 8일 한미 상호방위조약에 가조인했어.

이승만은 "이 조약으로 자자손손 번영을 이룰 것"이라고 선언하며, "북한 동포들이여, 실망하지 마시오. 절대 잊지 않소"라는 성명도 함께 발표했어. 이승만의 가슴 한편에는 북한 동포들이 늘 자리 잡고 있었던 거야.

가조인 (假調印)
외교 교섭에서, 약정된 문서에 정식으로 서명하기에 앞서 그 초안에 임시로 서명하는 일

6·25전쟁 휴전협정
전쟁 발발 3년 만에 유엔군사령부 대표 해리슨 중장과 북한 공산군의 대표 남일 간에 휴전협정이 조인되었단다. (1953.7.27. 판문점)

 엄마

짜잔~~ 이게 뭘까? 엄마

 한결 에이~~ 뭐예요? 그냥 지도잖아요.

 한솔 역사 이야기 하시다가 왜 갑자기 지도예요?

왜냐하면 역사가 지리적 위치와 떼려야 뗄 수 없는 아주 깊은 관계가 있기 때문이지. 엄마

 한결 그래요? 그건 한 번도 생각 못해봤어요.

 엄마: 자, 그럼 우리나라가 지도상에서 어떤 나라들과 이웃하고 있는지 한 번 볼래?

 한솔: 일본, 중국, 러시아 다 만만치 않은 나라들이네요. 이렇게 보니 우리나라가 엄청 작아요!

 한결: 그래서 일본이 툭하면 쳐들어 왔던 거구나

 한솔: 중국도 우리나라를 자기들의 속국으로 만들려고 몇 만 대군을 끌고 왔었잖아요.

 엄마: 맞아. 중국에 흡수된 민족도 많았는데, 지금까지 우리나라가 살아남은 것은 기적이지.

 엄마: 여기서 퀴즈~~ 우리 민족 5천 년 역사 동안 한반도는 몇 번쯤 외세의 침략을 받았을까?

 한솔: 100번?

 한결: 300번??

4. 전쟁에서 나라를 지킨 이승만 195

엄마: 땡! 1000번 가까이 된단다

 한결: 정말요?

 엄마: 감이 팍팍 오게 말해줄까?

 엄마: 평균 약 5년에 한 번 꼴로 침략을 당하던 게 바로 우리나라였어

 한솔: 불안해서 어떻게 살아요? 언제 누가 쳐들어올지 모르는데요

 엄마: 맞아, 농사 지어 땅도 일구고, 집이랑 문화재도 지으면서 좀 살만해지면 전쟁이 터져 불타고, 빼앗기고, 죽임 당하고, 굶주려야 했지

 한솔: 그런데 지금은 전쟁이 없잖아요? 제 나이가 13살인데...

 엄마: 그래. '한미상호방위조약'이 맺어진 후에는 한 번도 전쟁이 일어나지 않았어 반만 년 고난의 역사 속에서 처음으로 70년 넘게 오랜 평화가 찾아온 거야

한결: 휴~~ 다행이다. 저는 전쟁이 싫어요!

한솔: 미국은 주변국들로부터 우리나라를 보호해준, 일종의 보호막이었네요?

엄마: 바로 그거야! 그게 바로 외교의 힘이란다 내 힘만으론 버티기 힘들 때 강한 누군가를 내 편, 내 친구로 만드는 거지

한결: 그래서 우리나라를 못 잡아먹어 안달이던 나라들도 예전처럼 함부로 건들지 못했구나!

한솔: 그렇지만 이해가 안돼요 멀리 있는 미국이 우리를 도와준다고 이득이 있는 것도 아닐 텐데, 왜 계속 도와줬어요?

엄마: 사실, 미국은 일본이 패망하고 우리나라에 잠시 주둔하다가 1948년 대한민국 정부가 수립되고 나서 바로 철수해 버렸단다

한결: 네에? 그럼 어떡해요?

한솔: 주변에서 가만있지 않았을 텐데…

 엄마: 그렇지 남한마저 공산화하려고 착착 준비를 하던 소련은 미군이 철수하자마자 이미 공산화된 북한이 남침하도록 도왔잖아?

 한솔: 6·25 전쟁은 미군이 떠나가자마자 일어난 전쟁이구나!

 한결: 참나. 북한은 같은 민족끼리 너무하네

 한솔: 미국이 조금만 더 있어주지~~

 한결: 그것도 소련이랑 중국 같은 공산주의 나라들과 편먹고 기회를 엿보다 미군이 철수하자마자 쳐들어오다니...

 엄마: 그래서 6·25 전쟁이 끝난 후에도 미국을 잡아 놓기 위해 한미상호방위조약을 맺었던 거야

 한결: 그래서 미군이 우리나라에 지금까지 있는 거구나~

그렇지
엄마

한솔
하지만 미국은 상호방위조약을 별로 맺고 싶어 하지 않았을 텐데요?

맞아. 미국 내 여론이 특히 안 좋았어 우리나라를 도와주다가 수많은 젊은이가 죽었고, 전쟁 원조로 너무 많은 돈을 쏟아 부었으니까
엄마

한솔
그런데 어떻게 가능했어요?

이승만의 탁월한 외교 덕분이지
늘 주변국들과 불평등 조약만 맺었던 우리나라가 우리에게 일방적으로 유리한 한미동맹을 맺은 건 온전히 이승만의 업적이었단다
엄마

한결
이승만이 영어를 잘했던 게 빛을 보네요

한솔
미국에서 독립운동하며 높은 사람들을 잘 알아 두었던 것이 이때를 위한 것이었네요. 그들을 설득해 냈으니 말이에요 맞죠?

맞아!
엄마

4. 전쟁에서 나라를 지킨 이승만

엄마: 이승만은 경험도 많고 외교에 있어 두둑한 배짱도 있어서 누구보다 탁월한 승부사였어

한솔: 한미동맹이 깨지지 않으면 좋겠어요!!

엄마: 전쟁이 없는 기간 동안, 대한민국은 경제, 군사, 정치, 문화 등 모든 면에서 전례 없는 발전을 이룰 수 있었던 거야

한결: 한미동맹이 없었다면 또다시 침략을 받았을 텐데, 정말 다행이에요

깜짝 냥냥 퀴즈!
끊임없는 외세의 침략을 받아온 우리나라가, 70년 이상 전쟁 없이 평화롭게 발전할 수 있었던 이유는 무슨 조약 덕분이었을까냥? (힌트 : 8글자다냥)

정답:

대한민국을 도운 이승만의 친구들

존 포스터 덜레스와의 우정

나그네처럼 전 세계를 떠돌며 우리 민족의 자유와 독립을 위해 투쟁했던 이승만 곁에는 뜻을 같이하는 친구들이 있었어. 그 중 한 명이 존 포스터 덜레스(John Foster Dulles)야. 그는 미국 국무장관을 지내기도 했는데, 역대 국무장관 중 누가 가장 뛰어난지 설문 조사를 하면 지금도 랭킹 3위 안에 드는 존경받는 정치인이지.

이승만과는 조지 워싱턴 대학교와 프린스턴 대학교 동창으로 해방 이전부터 알고 지냈어. 덜레스 역시 수재였고, 공산주의 세력을 아주 싫어했지.

> **수재**
> (秀才)
> 머리가 좋고 재주가 뛰어난 사람

1950년 6·25 전쟁이 터지기 열흘 전쯤, 덜레스가 국무부 특사로 한국을 방문해서 오랜 친구인 이승만을 다시 만났어.

두 사람은 여러 가지 면에서 의기투합했지만, 국익을 놓고는 한 치의 양보 없는 치열한 논쟁을 벌였지. 이승만이 특히 비판했던 것은 '애치슨 선언'이었어.

존 포스터 덜레스가 전쟁 발발 1주일 전에 동두천 전방의 38선을 시찰하는 모습

이 선언 때문에 한반도는 미국 방위 영역에서 벗어났고, 김일성이 6·25 전쟁을 일으키는데 일부 원인 제공을 했기 때문이야.

"애치슨 선언이 틀려먹었다. 거대한 대륙 중국이 공산화되도록 미국이 방치한 것은 큰 실수다. 나중에 미국이 중국 공산화를 방치한 것 때문에 아주 크나큰 대가를 지불할 것이다."

이승만은 덜레스를 38선으로 데려가 남한이 처한 안보 상황이 어떤지 직접 보게 했고, 덜레스는 한국이 얼마나 위태로운 상황인지를 알게 됐단다.

1950년 6월 18일, 대한민국 국회 연설에서 덜레스는 "거대한 자유 세계에서 하나의 역할을 감당하는 대한민국은 결코 혼자가 아니고, 앞으로도 혼자일 수 없습니다"라고 약속하지. 이 말은 혹시라도 전쟁이 나면 한국을 꼭 도와주겠다는 약속으로 해석할 수 있었어.

일주일 후 6·25 전쟁이 터졌을 때, 덜레스는 일본 교토에 있었지. 전쟁 소식을 듣자마자 모든 일정을 중단하고 미국 국무장관에게 보낼 보고서를 작성했어. 그 내용은 '즉각 대군을 참전시켜서 대한민국의 공산화를 막아야 한다'라는 것이었고, 미군의 즉각 참전을 유도하는 데 큰 역할을 했단다.

또 다른 에피소드는 '반공 포로 석방'이라는 세계가 깜짝 놀

백문이 불여일견이다냥!

란 사건과 관련된 이야기야. 이승만이 미국과 정면승부를 벌여서 반공 포로 27,389명을 석방했던 일 기억하지? 이 일로 아이젠하워 대통령이 이승만 제거 계획을 의논할 때, 결사적으로 막으며 미국이 끝까지 대한민국을 도울 수 있도록 설득했던 사람이 바로 덜레스였어. 이후 그는 국무장관이 되어 한미상호방위조약을 체결할 때, 직접 서명하기도 했단다.

이승만과 친구인 덜레스 미국 국무장관
한미상호방위조약 가조인 후 이야기를 나누고 있는 모습이야.(1953.8.8)

맥아더와의 우정

인천상륙작전의 영웅인 맥아더 장군과 이승만은 몇 가지 공통점이 있었어. 당시로서는 드물게 공산주의를 매우 싫어하는 투철한 반공주의자였다는 거야. 또 독실한 기독교인이어서 잠들기 전 성경을 읽고 기도하는 습관까지도 닮았었지.

'독실한 기독교인'이라는 것과 '철저한 반공주의자'라는 가치관이 같았기 때문에 금방 가까워질 수 있었고, 서로에게 힘을 주는 친구가 될 수 있었어.

맥아더 장군의 아버지도 유명한 장군이었어. 맥아더의 아버지가 러일전쟁 때 조선을 방문했던 일이 있었는데, 고종황제는 조선의 국보급 향로를 선물했지. 아버지는 그것을 받고, 무척 자랑스러워했어. 그래서 집에 향로를 전시해놓고 파티를 할 때마다 사람들에게 자랑했고, 아들에게까지 가보로 물려주었지.

맥아더 장군도 그 향로를 많이 아꼈단다. 아시아 주둔 사령관으로 근무하느라 무려 16년 동안이나 고향 집에 돌아가지 못했던 시절이 있었어. 맥아더 장군은 그 향로를 사령관 막사에 가져와 전시해놓고, 손님들이 오면 이것이 조선의 국보이자 가보라며 자랑했지.

그런데 어느 날, 애지중지하던 향로를 부하가 실수로 태평양에 빠뜨렸지 뭐야. 화가 난 맥아더 장군은 태평양전쟁 중임에도 잠수부까지 동원해 수색했지만, 넓디넓은 바다에 빠뜨린 향로는 찾을 수 없었어. 그 정보를 들은 이승만은 '향로를 이용해서 맥아더 장군과 미군을 한반도에 붙잡아 놓아야겠다'라고 생각했고, 정권을 잡자마자 전국을 샅샅이 뒤져서 그 향로와 비슷한 작품을 찾아내고야 말았지.

그리고 1948년 8월 15일, 역사적인 대한민국 정부수립 선포식에 맥아더 장군을 초대했어.

주둔(駐屯)
군대가 임무 수행을 위해 일정한 곳에 집단적으로 얼마 동안 머무르는 일

막사(幕舍)
군인들이 주둔할 수 있도록 만든 건물 또는 임시 건물

맥아더 장군을 반갑게 맞이하는 이승만의 모습

대한민국 건국을 세계에 선포하는 기념식장에 참석한 연합군 최고사령관 맥아더 장군을 환영하는 모습이야.(1948.8.15)

당시 맥아더 장군은 제2차 세계대전을 승리로 이끌었기에 미국 대통령보다 인기가 많았지. 작은 신생국가 독립 기념행사에 굳이 참석할 이유는 없었어. 하지만 맥아더 장군은 초대에 응했고, 한국을 방문했지. 물론 그가 한국을 방문한 이유는 여러 가지가 있었겠지만 조국을 되찾은 친구를 축하하기 위하는 마음도 분명 있었을 거야.

그리고 이승만은 맥아더 장군이 잃어버려 너무나 슬퍼했던 향로와 비슷한 작품을 선물했지. 감격하는 맥아더 장군에게 "장군님을 향한 우리 한국인의 마음입니다. 코리아를 잊지 말아주십시오"라고 정중하게 부탁한단다.

대한민국이 일본으로부터 해방을 맞이하고, 북한과 싸워 이길 수 있었던 것은 미국의 영향이 컸어. 1948년, 북한의 경제 규모는 남한의 약 40배 정도로 훨씬 잘 살았고, 국방 분야 역시 비교가 안 될 만큼 막강했지. 현실적으로 우리는 공산군을 막아낼 능력이 없었고, 일본을 물리칠만한 힘은 더더욱 없었어. 그래서 우리나라가 어려움을 당하면 미국의 도움이 반드시 필요할 것을 이승만은 알았던 거야.

맥아더 장군 역시 미리 부탁하는 마음과 그동안의 고마움을 동시에 담은 선물의 의미를 모를 리 없었어. 그래서 맥아더 장군은 자신을 취재하고 있던 전 세계 기자들 앞에서 이승만을 향해 이렇게 말했지.

"각하, 만약 공산군이 쳐들어오면 저 맥아더는 한국의 수도 서울이 아니라 미국의 수도 워싱턴에서 전쟁이 난 것으로 간주하고 최선을 다해 싸워 각하의 조국과 정부, 국민을 지켜드리겠습니다."

그 약속 그대로 6·25 전쟁이 터졌을 때, 맥아더 장군은 거대 병력을 이끌고 인천상륙작전을 성공시켜 대한민국을 지켜준 거란다.

해리스 목사와의 우정

6·25 전쟁 당시, 미군 참전 결정에 중요한 역할을 했던 한 명이 프레데릭 해리스(Frederick Harris) 목사야. 그가 한국을 위해 일했던 이유는 이승만 때문이었지. 이승만은 해리스 목사가 목

회를 담당했던 파운드리 감리교회의 교인이었거든.

1814년, 미국 워싱턴 중심부에 세워진 파운드리 감리교회는 백악관에서 걸어서 15분 거리에 있었어. 많은 이들이 이곳을 미국 정치의 중심부로 여겼고, 처칠 영국 수상과 루스벨트 미국 대통령, 그리고 미국 상원의원들이 예배를 드리던 역사 깊은 교회로 잘 알려져 있단다.

이승만 옆에 선 평생 동지 해리스 목사
워싱턴에 있는 파운드리 감리교회에 찍은 사진이야.(1954.8.1)

해리스 목사는 트루먼 대통령과 이승만 사이의 중간 다리 역할을 했어. 당시 그는 미국 상원의회 원목(Senate Chaplain)이었고, 부통령 시절 상원의장직을 겸했던 트루먼 대통령과 친밀한 관계였거든. 그래서 이승만은 해리스 목사를 통해 하고 싶은 말을 트루먼 대통령에게 전할 수 있었고, 트루먼 대통령이 한국 문제에 깊은 관심을 두고 있음을 확인할 수 있었지.

6·25 전쟁이 터지기 약 1달 전, 해리스 목사는 트루먼 대통령에게 긴급 서한을 보내 '한국을 둘러싼 국제 정세가 긴박하게 돌아가고 있으며, 이승만을 국빈으로 초청할 것'을 요청했어. 그리고 6·25 전쟁 중에는 파운드리 감리교회 성도를 중심으로 구호 성금 및 방한용품을 모아 한국에 보냈고, 전쟁 후에도 우

> **원목**
> **(院牧)**
> 미국 국회를 구성하는 의회 담당 목사

한미협회가 임시정부 승인을 촉구하기 위해
뉴욕에서 마련한 만찬회(1944.8.29)

리나라의 원조를 도왔지.

24년 동안 미국 상원 원목으로 재직했던 해리스 목사는 한국의 독립을 돕기 원하지만 정치적으로 드러나는 것을 부담스러워하는 미국 기독교인들을 위한 '기독인 친한회' 조직에 관여했어. 또 우리가 미국 정부를 상대로 '대한민국 임시정부 승인'을 촉구하는 운동을 벌일 때, '한미협회(The Korean-American Council)'를 만들기도 했지. 그들은 미국 정부에 로비 활동을 펼치며 우리나라를 도와주었어.

해리스 목사는 1956년에 아이젠하워 대통령의 특사로 방한하기도 하는데, 그가 한미 관계나 한국에 미친 영향력이 얼마나 컸는지 짐작할 수 있단다.

깜짝 냥냥 퀴즈!

작전 성공 확률이 1/5000인 인천상륙작전을 성공시켜 대한민국의 공산화를 막은 이승만의 친구이자 미국의 유명한 장군 이름은?

정답 :

5

미래를 내다본 이승만

한미동맹,
후세에 남긴 값진 선물

한미동맹이
무엇인지
자세히
알아볼까?

    한미동맹은 역사상 가장 성공한 동맹으로 평가받고 있어. 한미동맹이 있었기에 세계에서 가장 가난했던 우리나라가 경제 대국으로 성장할 수 있었거든. 또 '민주주의'가 무엇인지도 몰랐던 나라가 자유민주주의 체제를 갖춘 반듯한 국가가 될 수 있었지. 게다가 미군은 지금까지도 한국에 남아 전쟁을 막아주고 있단다.

    이승만의 고집스런 외교력 덕분에 미국과 원만한 관계를 유지하며 도움을 받을 수 있었고, 우리나라가 공산화되는 비극을 막을 수 있었어.

어려울 때 친구가 되어준 미국

어려운 시절
도와줘서 고맙다냥

북한의 대남 전략 중 70년 동안 변하지 않는 첫 번째 목표는 바로 '미군 철수'야. 위험천만한 핵무기를 가지고 있으니, 한국 땅에서 미군만 떠난다면 한반도 전체를 공산화할 수 있다고 자신만만해했지. 요즘은 미군 철수란 말을 살짝 바꿔서 "정전협정 폐지하고 평화협정 맺자! 우리 민족끼리 하나 되자"라고 한단다.

평화협정을 맺는다는 것은 "전쟁 안 하기로 했으니 미군은 떠나라"라는 뜻이야. 사실 "공산화하자, 미군 철수해라, 평화협정 맺자" 라는 건 다 똑같은 말이란다. 그래서 북한을 추종하는 세력의 전략은 이승만을 끊임없이 깎아내리는 동시에 '미군 철수, 평화협정'을 주장하는 거지.

그들의 전략이 꽤나 성공해서 우리는 '이승만' 하면 바로 '독재자, 부정선거의 원흉'으로 떠올리게 됐어. 실제로 역사 교과서에서조차 그가 잘한 일은 전혀 말하지 않고, 잘못한 것만 과장하고 있으니 역사가 많이 왜곡되어 있는 게 사실이야.

이승만 만큼 약소국 지도자가 강대국에 해야 할 말을 다 한

경우는 거의 없었어. 반공 포로들을 석방하며 미국에게 "기독교 국가가 기독교 정신도 모르느냐"라고 호통칠 때는 미국도 무릎 꿇어야 했지. 그리고 중국의 마오쩌둥도 '경무대 휴전 협상'만 애타게 쳐다보며, 가장 무서운 적은 미국이 아니라 이승만이라고 할 정도였어.

미군 부대를 시찰 중인 이승만

 1953년 10월 1일, 워싱턴에서 한미상호방위조약 공식 조인 내용을 전해 들은 트루먼 대통령은 "한국이 제자리 잡을 때까지 한국 국방비를 미국이 전액 대라니, 아무리 스탈린 때문이라고는 하지만 무슨 이런 조약에 사인을 하고 온 거야?"라고 말했어. 그만큼 우리에게 일방적으로 유리했다는 말이지. 건국 대통령이 다음 세대에게 남긴 소중한 선물을 우리가 잘 지켜나가면 좋겠어.

미국인을 열광시킨 이승만

1954년 7월, 아이젠하워 대통령은 이승만을 <u>국빈</u>으로 초청했어. 이승만은 6·25 전쟁 때 우리를 위해 싸워준 미국 정부와 국민에게 직접 고마움을 전하고, 제네바회담 실패에 따른 통일 문제 조정과 경제·군사 원조 액수를 늘리는 협상을 하기 위해 미국 방문을 결심했단다.

국빈(國賓)
나라에서 정식으로 초대한 외국 손님. 주로 외국의 국가 원수가 이 대우를 받음

공항에 마중 나온 닉슨 부통령과 함께

공항에 마중 나온 닉슨 부통령에게 이승만은 "워싱턴의 겁쟁이들 때문에 남북통일이 날아갔다"라며 뼈 있는 한마디를 던지기도 했어.(1954)

　7월 28일 오후, 이승만은 "미국 국민들이 경탄해 마지않는 불굴의 자유 전사를 소개한다"라는 마틴 의장의 소개를 받으며 미국 상·하원 합동 회의에 등장했어. 그 자리에는 상·하원 의원들뿐만 아니라 군 장성들, 법조계, 외교계 인사들로 가득 차 있었지. 결국, 자리가 모자라 좌석표를 받은 사람만 들어오는 진풍경이 벌어졌어.

　그는 유창한 영어로 미국에 감사하는 마음을 전달하며 연설을 시작했지.

"나는 미국의 모든 어머니에게 특별히 감사드립니다. 우리가 암담한 처지에 놓여있을 때, 자식을, 남편을, 그리고 형제를 기꺼이 보내주신 것을 마음 속 깊이 감사하고 있습니다."

미국 의회에서 연설 중인 이승만(1954.7.28)

이승만이 미 상·하원 합동 연설에서 기립박수를 받는 모습(1954.7.28)

그리고 "중공군이 존재하는 한 세계 평화는 없습니다. 한국군이 단독 격퇴할 테니 미국은 멀리서 공·해군 지원만 해주십시오. 또다시 미국 청년들의 피를 흘리게 해선 안 됩니다"라며 불굴의 통일 의지를 다시 한 번 토해냈어.

이승만의 연설은 미국인을 열광시켰고, 40분 동안 33번의 기립박수를 받았어. 연설이 끝난 후, 자리를 가득 메운 미국과 세계 각국 지도자들이 모두 일어나 퇴장하는 이승만에게 아낌없는 박수를 보냈단다.

이어진 아이젠하워와의 회담에서 이승만은 7억 달러의 군사·경제 원조와 주한 미군 최전방 배치에 합의를 했고, 이것으로 한미동맹이 비로소 발효됐지.

이승만은 외국 국가 원수로는 처음으로 뉴욕시가 마련한 브로드웨이 카퍼레이드에 초청됐어. 이날 행진에는 100만여 명의

발효(發效)
조약, 법, 공문서 따위의 효력이 나타남

**외국 국가원수로서는 처음으로
뉴욕 카퍼레이드를 하는 이승만(1954.8.2)**

뉴욕 시민들이 나와 이승만을 환영해 주었지. 당시 카퍼레이드의 기회는 역사에 길이 남을 업적을 남긴 사람들에게만 주어졌는데, 뉴욕시장의 연설을 들어보면 미국인들이 이승만을 얼마나 높이 평가했는지 알 수 있단다. 한 나라의 독립과 자유 수호를 위해 애쓴 그의 노력이 정당하게 평가받는 순간이었어.

링컨 기념관을 방문한 이승만에게
사인을 받는 어린이들

5. 미래를 내다본 이승만

자원 없는 전쟁 폐허에서 시작한 원자력 발전

시슬러 (Walker Cisler)
세계적인 에너지 전문가로 세계에너지회의(WEC)의장, 에디슨 전기협회 회장, 미국 원자력 산업회의 의장 등을 맡은 미국 전기 기술 분야의 대가

6·25 전쟁 이후, 부족한 전력은 경제 발전에 걸림돌이 됐지. 주요 전력 시설이 대부분 북한에 집중되어 있었거든. 그런데 어느 날 북한이 일방적으로 전기를 끊어버렸고, 남한은 순식간에 캄캄해지고 말았어. 이승만은 방법을 찾고 또 찾았지. 그러다가 1956년에 에너지 전문가인 시슬러를 만나게 되면서, 무한한 에너지인 원자력에 눈을 뜨게 돼.

원자력이 가진 잠재력에 주목한 이승만은 투자를 시작했단다. 우수한 과학 인재들을 모아 1인당 6,000달러라는 거금을 들여 국비 유학을 보냈어. 1인당 국민소득이 60달러 남짓하던 시절이었고, 나라에서 20달러 이상의 외화를 지출할 때는 본인이 직접 서명할 정도로 달러를 아꼈던 이승만에겐 엄청난 투자였던 거야.

한국 최초의 원자로 기공식에서 첫 삽을 뜨고 있는 85세의 대통령 (1959.7.14)

유학생들을 경무대로 불러 "너희들에게 나라의 장래가 달려있다. 열심히 공부해라"라며 달러가 든 봉투를 쥐어 줬어. 그렇게 1956년에 첫 국비 유학을 보내기 시작했고, 이후 4년 동안 8차에 걸쳐 150여 명이 유학을 마쳤지. 그렇게 1959년 7월, 국내 최초로 연구용 원자로 건설을 시작하는데, 기공식에는 이승만도 직접 참석했단다.

원자로 건설에는 73만 2천 달러라는 엄청난 비용이 필요했어. 그래서 이승만은 또 미국과 협상을 했고, 두 나라가 반반씩 지출하여 건설하기로 했지. 물론 35만 달러도 적은 돈은 아니지만, 전쟁을 치른 지 얼마 되지도 않은 가난한 나라에서 최첨단 미래 에너지 기술을 도입하고자 나선 거야.

1978년, 드디어 국내 최초 원전 고리 1호기가 가동됐어. 이승만이 시슬러에게 "원자력을 사용하기 위해 얼마나 시간이 걸리나?"라고 물었을 때, "한 20년 걸릴 것이다"라고 예상했던 그대로였지. 고리 1호기가 가동되고 32년 후인 2009년엔 우리나라 처음으로 아랍에미리트 연방(UAE)에 원전을 수출했어.

한국 기술로 지은 아랍에미리트 연방(UAE) 바라카 원전의 전경

현재 우리나라는 24기의 원자력 발전소를 가지고 있는데, 미국, 프랑스, 일본, 러시아, 독일에 이어 6번째로 원자력 강국이 됐지. 1956년 원자력 에너지에 투자하기 시작했을 때, 이승만은 이미 80살을 넘긴 나이였는데, 자신의 생애를 초월한 미래를 내다보는 결정과 투자가 없었다면 불가능한 일이야. 당장의 이익이 아니라 후손을 생각하는 마음은 정말 높이 평가할 만해.

한국 원자력 연구소장인 정연호 박사도 "우리나라가 세계적인 원자력 강국이 된 것은 이승만 대통령이 먼 앞날을 보고 미리 투자해서 초석을 쌓았기 때문에 가능했다. 초대 대통령 이승만의 여러 업적이 많지만 내가 생각하기에는 원자력을 시작한 것, 이것이 가장 큰 업적이라고 생각한다"라고 평가했단다.

원자력 발전에 대한 궁금증 풀어보기(Q&A)

Q. 원자력 발전(원전)은 어떤 원리로 에너지를 얻나요?

A. 원자로 안에서 우라늄의 핵분열로 에너지를 만들어 내는 원리인데, 우라늄 1g이 핵분열 될 때 나오는 열에너지는 석유 9드럼, 석탄 3톤과 맞먹는다. 그 열에너지로 물을 증기로 만들고, 증기가 터빈을 돌리면 전기 에너지를 얻게 되는 것이다. 원자력 에너지는 발전소를 건설하는 초기 비용은 많이 들지만, 저렴한 연료 비용과 발전소를 돌릴 때 온실가스 및 미세먼지가 발생하지 않는다는 점에서 정말 높은 효율을 자랑하는 에너지라고 할 수 있다.

원자력 발전의 원리

Q. 우라늄이라고 하면 무기로 쓰이는 원자 폭탄(핵무기)이 생각나는데요. 원자탄과 원자력 발전의 차이는 뭔가요?

A. 원자탄과 원자력 발전은 핵물질(우라늄 등)을 이용해 핵분열 연쇄반응을 일으켜서 발생하는 에너지를 이용하는 원리는 같다. 그러나 원자력 발전은 핵분열 에너지를 전기 에너지로 바꾸는 것이지만, 원자탄은 핵분열 에너지로 폭발을 일으키는 폭탄이라는 것에 차이점이 있다. 그리고 원자력 발전과 원자탄은 크게 두 가지 점이 다르다고 할 수 있다. 첫째, 원자력 발전은 핵분열 조절장치로 핵물질의 핵분열을 긴 시간 동안 철저하게 조절하지만, 원자탄은 조절장치 없이 핵물질을 짧은 시간 안에 엄청난 핵분열을 일으키도록 한다. 둘째, 핵분열을 일으키는 핵물질인 우라늄-235(U^{235}) 양이 다르다. 원자력 발전은 우라늄-235를 3~5% 정도 농축해서 사용하지만, 원자탄은 우라늄-235를 95% 이상 농축해서 사용한다. 사람들이 종종 원전에서 우라늄이 폭발하면 어쩌나 걱정하지만, 핵분열 하는 우라늄(U^{235}) 핵의 수가 적어 원자탄 같은 폭발이 일어날 걱정은 할 필요가 없다.

U^{235}?
우라늄?
어렵다…

Q. 예전에 원전에서 사고가 있었다고 하던데, 원전 사고는 몇 번이나 있었고, 왜 일어났나요?

A. 전 세계적으로 3번의 원전 사고가 있었는데, 1979년 미국의

스리마일 섬, 1986년 구소련의 체르노빌 그리고 2011년 일본의 후쿠시마에서 발생했다. 체르노빌의 경우는 원전 사고에 대한 심각성을 제대로 알지 못한 채, 무리한 실험을 강행해서 일어났고, 스리마일 섬에서는 운전원이 기기 조작을 잘못하는 바람에 방사성 물질을 포함하고 있는 핵연료가 녹아내리면서 일어났다. 후쿠시마의 경우는 지진으로 인해 발생한 거대한 쓰나미로 인해 비상 발전기가 물에 잠겨 작동을 멈추고, 냉각장치가 정지해버려 원자로 내부의 온도가 올라가면서, 화학반응으로 발생한 수소가스가 폭발한 것이었다. 후쿠시마 원자로 격납건물의 두께는 16cm밖에 되지 않아 일부가 찢어져 그 틈으로 방사능이 유출되는 사고가 일어났다.

Q. 우리 원전의 원자로 격납건물 두께는 어느 정도인가요?

A. 한국 최초 원전인 고리 1호기의 경우는 미국보다 5cm 더 두꺼운 65cm이다. 현재 건설 중인 신고리 5, 6호기는 137cm나 되어 세계에서 가장 안전하다고 할 수 있다. 또 철근 콘크리트 격납 벽 안쪽에 두께 6mm의 금속 철판이 붙어 있어서 어떠한 상황에서도 격납 건물이 파손될 염려가 없다.

격납건물의 견고함을 증명하는 전투기 충돌 실험

전투기를 격납건물 콘크리트 벽에 충돌시키는 실험으로 전투기는 완전히 부서진 반면 벽은 멀쩡했어.

Q. 아무리 안전하다해도 수소 폭발이 일어나면 방사능이 새어 나오는 것 아닌가요?

A. 미국 과학자들이 원자로 격납건물이 얼마나 견고한지에 대해 실험을 했다. 시속 800km 속도로 비행기를 충돌시켜 보거나 내부 압력도 높여 보았지만, 원자로 격납건물은 파괴할 수 없다고 결론지을 수 있었다. 미국 원전이 안전하다면 우리나라 원전은 두말할 것도 없이 안전하다고 할 수 있다.

Q. 만약 거대한 쓰나미가 발생해 발전기가 침수되어 냉각장치가 정지하면 위험하지 않을까요?

A. 후쿠시마 사고 이후, 방파제를 더 높게 쌓아서 쓰나미에 대비했다. 또 비상 발전기가 있는 곳은 침수되지 않도록 견고한 장치를 해 두었고, 추가로 이동식 발전기까지 설치하여 만약에 비상 발전기 시설이 작동하지 않아도 정상 가동되도록 만반의 준비를 해놓았다. 원전 위험 관리 기술 최강국이 바로 대한민국이기 때문에 안심할 수 있다.

우와! 엄청 튼튼하구나!

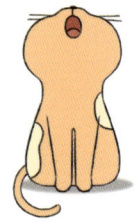

Q. 사용 후 핵연료에서 나오는 방사선이 위험하진 않나요?

A. 사용을 마친 핵연료는 몇 가지 기술 처리를 마치고 300년 정도 지나면 방사능이 약해져 접근이 가능하고, 연료로 재사용할 수도 있다. 방사능이 약해지지 않는 방사성 물질은 물에 녹지 않고 깊은 바다 속으로 가라앉기 때문에 사람들의 생활공간으로 들어올 염려가 없다. 그리고 우리 국민이 수십 년간 쓰고 남은 사용 후 핵연료는 수영장 하나 크기면 안전하게 보관할 수 있어서 위험하다고 볼 수 없다.

Q. 원자력 발전보다는 태양광 발전이 친환경 에너지라고 배웠는데, 아닌가요?

A. 국제기구나 환경전문가들은 "이산화탄소의 발생량이 매우 적은 원전을 사용해야 온실가스 문제를 해결할 수 있다."라고 주장하며, 지금보다 원전을 훨씬 더 많이 건설해야 한다고 이야기한다. 왜냐하면, 태양광 발전은 에너지를 만들 수 있는 시간적 제약이 있어서 LNG 등 다른 것과 함께 발전해야 하는데, LNG 발전은 원전보다 25배 이상의 이산화탄소를 발생시키기 때문이다. 게다가 넓은 땅도 필요하기 때문에 산이 많고, 국토가 좁은 우리나라에는 적합하지 않고, 폐기물의 처리에도 엄청난 비용이 들기 때문이다.

원자로 격납건물(한빛원전)

Q. 우리나라 원전이 세계 다른 선진국 원전에 비해 더 안전한 것 맞나요?

A. 원전 선진국인 프랑스의 원전 건설 비용은 우리나라의 2배, 미국은 3배이다. 그러나 공사기간은 우리나라가 가장 짧아서 경제성이 매우 뛰어나다. 게다가 미국 원자력 규제 위원회(NRC)에서 안전성을 최종 인증 받았는데, 미국에서 미국 외에 원전을 건설할 수 있는 자격이 주어진 유일한 나라가 됐다는 뜻이기도 하다. 이것은 일본과 프랑스도 이루지 못한 성과로서, 유럽 사업자 요건(EUR) 인증까지 동시에 받은 우리 원전 기술은 가장 싸고 빠르게 원전을 지으면서도 안전성과 기술력에서도 세계 최고 수준임을 인정받았다.

자문 / 장문희 한국핵물질관리학회장(제27대 한국원자력학회장, MIT대 원자력공학박사, 서울대 원자력공학 전공)

우리나라 멋지다!

우리 생각보다 훨씬 더 안전하구나!

나무 없는 민둥산을 푸르른 산으로

1957~1960년 사이의 국무 회의록을 보면 산림녹화에 대한 구체적 방안이 자주 적혀있어. 심지어 이승만이 하야 의사를 밝힌 마지막 국무회의에서도 황폐한 산에 나무를 심는 사업과 각종 재해 예방을 위한 토목 공사 내용이 다뤄졌지.

1958년 국무회의에서 쌀 수확량을 늘리기 위해 산을 개간하겠다는 농림부 장관의 제안에 이승만은 큰소리로 다그쳤어.

"함부로 산을 훼손하면 안 된다. 산에 나무를 열심히 심고 강을 잘 정비해 우리 강산이 푸르러지면 후손들이 잘 살게 될 것이야."

대신 수확량이 많은 인디언 쌀 연구와 석탄 생산에 군 공병대 지원을 검토하라고 지시했지.

또 이승만은 나무를 많이 심고 가꾸는 것을 권장하기 위해, 4월 5일을 식목일로 지정하여 1949년부터 2005년까지 공휴일로 지켜왔어. 1949년 첫 식목일에는 "애국 애족 정신으로 나무를 애호하자", "사람마다 적어도 여섯 그루씩 심고 하나도 베지 말기를 작정하며 남녀노소를 막론하고 나무를 보호하고 살리는

> **산림녹화(山林綠化)**
> 황폐한 산에 나무를 심고 보호하며 초목을 무성하게 하는 일
>
> **개간(開墾)**
> 거친 땅이나 버려둔 땅을 일구어 논밭이나 쓸모 있는 땅으로 만듦
>
> **공병대(工兵隊)**
> 군에서 건설·측량·폭파 따위의 임무를 맡고 있는 부대

5. 미래를 내다본 이승만

것을 직책으로 알아야 할 것이다"라고 부르짖었지. 심지어 피 흘리며 싸우던 6·25 전쟁 중에도 나무를 심는 작업은 게을리 하지 않았단다.

전쟁 중인 1951년 식목일에 연설을 하는 대통령

식목일 기념행사에서 나무 심는 모습(1954)

1957년, 정인욱(우리나라 석탄 산업의 개척자) 선생은 이승만으로부터 이런 이야기를 들었다고 해.

 "내가 산에 올라가 나무 한 토막이라도 베는 사람은 엄하게 벌한다고 공포했지만, 소용이 없어요. 당장에 땔감 없어 밥도 못 지어 먹을 형편인 국민에게 나무를 베지 말라고 해야 무슨 소용이 있겠느냐 말이오. 지금 우리가 석탄을 열심히 캐지 않으면 어느 세월에 산에 나무가 우거지겠소. 내가 어떻게 하든 식량은 미국에서 끌어다 댈 테니 당신은 땔감 문제를 책임지시오. 우리 힘을 합쳐 나라를 살려봅시다. 내 눈에 서울 시내에 장작 실은 마차가 다니는 모습이 안 보이게 해주시오."

식목일은 2005년까지 공휴일이었다옹!

폭격과 땔감으로 사라진 숲을 재건하기 위한 노력
강원도 영월탄광을 방문해 광부들 앞에서 연설하고 있는 이승만의 모습이야.(1958.5.30)

5. 미래를 내다본 이승만 231

> **무연탄(無煙炭)**
> 가정용이나 공업용으로 많이 쓰는 석탄으로 불순물이 적어 탈 때 연기가 나지 않고 열량이 높음

나무를 아무리 많이 심어도 다 베어 쓰면 소용없음을 깨닫고, 연료를 목재에서 무연탄으로 바꾸는 정책도 추진했어. 전체 에너지 소비에서 나무 땔감이 차지하던 비중이 1950년대에 90%를 웃돌다가 1990년대에는 1% 이하로 떨어진 통계를 보면, 연료 전환 정책이 얼마나 큰 역할을 했는지 알 수 있지.

반면 김일성은 집권 초기부터 농지 확충이라는 이유로 산을 파헤치기 시작했어. 70여 년이 지난 지금의 북한은 전 국토가 황폐해졌고, 가뭄과 홍수로 식량을 구걸하는 신세가 됐지. 식량 증산이라는 지도자의 욕심은 산을 농지로 만들게 했고, 그로 인해 나라 전체에 재난을 가져다 준 셈이야. 한 나라의 지도자, 그리고 지도자의 가치관이 얼마나 중요한지 보여주는 일이지.

이승만의 산림녹화 사업과 같은 친환경 정책은 박정희 대통령이 뒤를 이어 추진했어. 그 결과, 식민지와 전쟁으로 벌거벗은 붉은 산이었던 전 국토가 푸르러졌고, '산림 복원 성공국'이라는 큰 성과를 이루었지. 개발도상국에서 경제 발전과 산림녹화를 동시에 이룩한 나라는 한국이 유일하다고 평가받았단다.

이승만 라인(평화선)으로 영해와 독도를 지켜내다

맥아더 라인과 이승만 라인

태평양전쟁 후, 일본을 점령한 미국은 '일본 어선 활동 구역'을 제한하는 '맥아더 라인'을 발표했어. 하지만 1952년 4월, 샌프란시스코 강화조약이 발효되면 무효화 될 예정이었고, 얼마 후면 동해는 일본 어민들의 텃밭이 될 판이었지.

그런데 이승만은 1952년 1월에 이미 미국과 일본의 반대를 무릅쓰고 독도를 포함하는 해양 경계선을 일방적으로 그어버렸단다. 그리고 일본이 자기 영토라고 주장하는 독도에 한발 먼저 등대를 세우고 군부대를 주둔시켰어.

또 "독도는 일본의 한국 침략에 대한 최초의 희생물이다. 해방과 함께 독도는 다시 우리 품 안에 안겼다. 독도는 한국 독립의 상징이다. 이 섬에 손을 대는 자는 모든 한민족의 완강한 저항을 각오하라. 독도는 단 몇 개의 바윗덩어리가 아니라 우리 겨레 영해의 닻이다. 이것을 잃고서야 어찌 독립을 지킬 수 있겠는가. 일본이 독도 탈취를 꾀하는 것은 한국에 대한 재침략을 의미하는 것이다"라며 확실히 선을 그었어.

이승만이 세운 독도 등대
일본에게 독도를 건드리지 말라고 하는 경고의 등대였어.(1954.8.10)

일본은 이를 '이승만 라인'이라 부르며 없앨 것을 강력하게 요구했고, 미국과 대만까지 이승만을 비난했지만 그는 끄떡하지 않았고 오히려 한일 간의 평화를 위한 것이라며 '평화선'으로 불렀단다.

평화선을 지정한 것은 어업 보호의 절박함이 낳은 결과였어. 당시 국내 어선을 모두 더해도 10만 톤, 그나마 대부분이 무동력선이었단다. 일본은 총 200만 톤에다가 상당수가 한국 경찰선 보다 훨씬 좋은 배였기 때문에, '맥아더 라인'이 사라지면 한국 어업이 침몰할 것은 뻔했거든. 그리고 평화선 안에 독도를 포함하여 지키려는 이유도 있었어. 물론 다급해진 일본은 '한국의 일방적인 영토 침략'이라며 독도 문제를 쟁점화했지만 별수 없었지.

> **무동력선(無動力船)**
> 추진기를 사용하지 않고 돛이나 노 따위로 움직이는 배

이승만 라인과 대마도 영유권 주장에 항의하는 일본인들의 집회

제주항에 빼곡히 나포된 일본어선들
선체, 어구, 어획물 전부 몰수되고 벌금도 부과되었어.

오늘날, 평화선이 국제법에 어긋난다고 말하는 학자는 아무도 없어. 그 이유는 1952년에 이승만이 주장했던 내용이 50년 후에는 국제 사회가 인정하고 수용한 유엔 해양법 협약과 일치

하기 때문이야.

이승만은 1954년 1월, 평화선 선포 2주년을 맞이해 독도에 '한국령(韓國領)'이라는 표지석을 세우고 **실효** 지배함으로써 독도가 한국 영토임을 분명히 밝혔단다.

실효
(實效)
실제로 나타나는 효과

독도에 새겨진 한국 영토 표지석
평화선 선포 2주년 기념으로 이승만이 세운 '한국령' 표지석과 함께 한국 연안경비대를 주둔시킴으로 실효 지배를 하고 있어.(1954.1)

깜짝 냥냥 퀴즈!

이승만이 한국 어민들의 어업 보호를 위해 그은 해양 경계선이며, 독도를 한국땅으로 실효 지배하게 된 경계선의 이름은 무엇일까냥?

정답 :

6

자유민주 체제를 수호한
이승만

'사사오입 개헌'으로 탄생한 자유 시장 경제 체제

**내각책임제
(內閣責任制)**
내각(행정부)의 존립 근거가 전적으로 국회 신임 여부에 달려있는 정부 형태

1952년 1차 개헌으로 제헌 헌법에 남아있던 내각책임제 요소를 없애고, 대통령 직선제를 시행하면서 안정적인 국가운영을 가능하게 했어. 1954년 2차 개헌은 정치인들의 권력남용을 막기 위해 국가 주요 사항 결정시 국민의 의사를 묻도록 하는 '국민투표제'를 도입했지만 사람들은 이승만의 종신집권을 가능케 한 개헌으로만 기억하고 있지.

문제가 된 것은 부칙으로 만든 '초대 대통령에 한해 중임 횟수 제한을 없앤다'라는 조항이었어. 개헌안은 국회의원 3분의 2인 136표 이상이 찬성해야 통과될 수 있었는데, 딱 1표가 부족하여 통과되지 못했단다.

그런데 다음날, 자유당은 "재적인원 203명 중 3분의 2에 해당하는 정확한 수치는 135.333명인데, 사람은 소수점 이하까지 나눌 수 없으므로 4사 5입의 수학적 원리에 의하여 근사치 정수인 135명이면 통과이다"라는 담화문을 발표했고, 결국 종신 집권이 가능한 길을 열었지.

사사오입 원리를 따른다 해도, 굳이 왜 독재로 비칠 수밖에 없는 무리수를 두면서까지 개헌안을 통과시켜야 했을까?

이승만 입장에서는 국가 기반을 다지기 위해 반드시 바꿔야 할 경제 조항이 있었기 때문이야.

사사오입 (四捨五入)
일정한 자릿수를 기준으로 4는 버리고 5부터 윗 단위로 올림. 반올림의 옛말

제헌 헌법에서 경제 관련 조항은 대부분 사회주의 경제를 기반으로 했어. 제헌 국회의원들 역시 조선 시대나 일제 통치 기간에 행했던 경제 체제에 익숙했고, 공산주의와 대결하려면 어느 정도 사회주의 경제 요소인 국유화, 공영화 조항이 필요하다고 여겼지.

'사사오입 개헌안'이 통과되자 항의하는 야당 의원들
1954년 11월 국회 본회의장의 사진이야.

하지만 이승만은 자유 시장 경제 체제만이 우리나라를 성장시킬 수 있다고 믿었어. 그래서 헌법에 남아있던 사회주의 경제 요소를 없애려고 했던 거야. 또 6·25 전쟁은 멈췄지만 대한민국은 여전히 전쟁 위협에 놓여

이승만의 3선을 지지한다는 부산시민들 (1956)

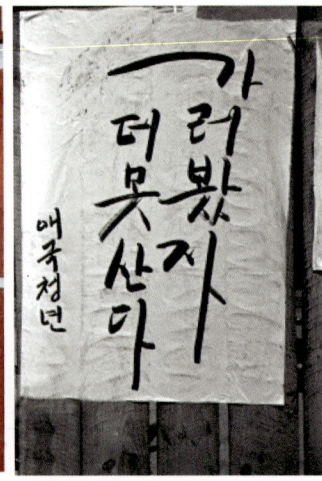

민주당 선거 홍보물과 자유당 지지 문구

민주당의 '못 살겠다 갈아보자' 구호에 대응해 만든 이승만 지지 홍보물이야. (1956년 정부통령 선거 당시)

있었고, 황폐한 국토의 복구와 경제 부흥을 위한 자금도 많이 필요했어. 미국으로부터 원조를 받아 나라를 살리고 경제 기반을 닦으며, 자유민주주의 체제로 통일된 한반도를 이루기 위해서는 이승만 자신에게 남아있는 역할이 있다고 생각했던 거야.

1차 개헌(1952)으로 자유민주주의를 이루고, 2차 개헌(1954)으로 자유시장 경제 체제를 확실히 했어. 1948년 세워졌지만 아직은 불완전했던 대한민국은 두 차례의 개헌을 거쳐 당당한 자유민주 공화국으로 자리잡았고, 오늘날 세계 10대 경제대국으로 성장할 수 있는 토대를 마련하였단다.

하지만 야당은 사사오입 개헌을 독재를 위한 것이라고 주장했고, 지금까지도 이 오명을 벗지 못해 많은 사람들이 여전히

이승만을 독재자로 알고 있는 거지.

　사람들은 이승만의 계획을 처음부터 다 이해하지는 못했어. 그래서 국가 발전에 꼭 필요한 체제를 지키기 위해 무리수를 둘 수밖에 없었지. 하지만 사사오입 개헌으로 지금 우리가 누리고 있는 자유와 풍요의 기반을 닦아 놓았다는 사실은 부정할 수 없을 거야. 안타깝게도 우리는 자유 시장 경제체제의 열매를 마음껏 누리고 있으면서도 그 열매를 맺게 한 장본인인 이승만의 부정적인 면만 보고 비난하고 있는 셈이지.

정말 엄청난 성장이다옹!

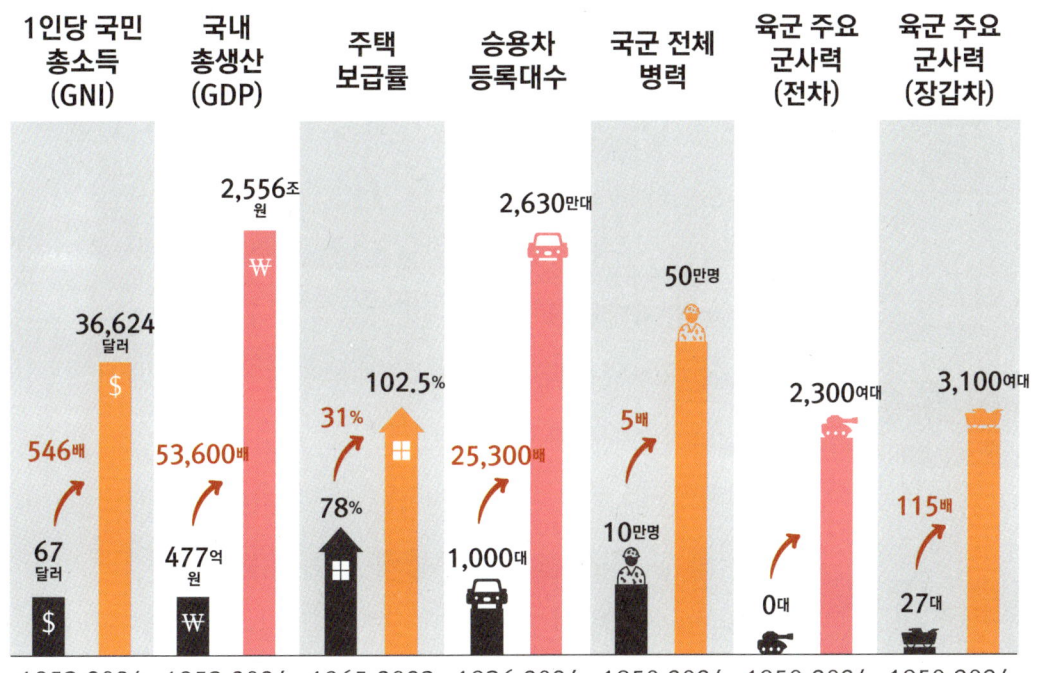

세계 10위권의 경제대국, 대한민국

3·15 부정선거와 4·19 혁명

2차 개헌에서 국무총리를 없애고, 대통령 자리가 비었을 때 부통령이 대행한다는 조항은 결국 3·15 부정선거를 일으키고야 말았어.

1960년 선거에서 자유당은 또다시 이승만을 대통령으로, 이기붕을 부통령으로 내세웠지. 반대하는 야당에서는 조병옥과 장면이 출마했지. 그런데 건국 대통령의 업적을 기억하는 국민이 많았기 때문에 아무래도 이승만이 당선될 확률이 높았지. 그리고 이승만이 대통령이 된다고 해도 나이가 많으니 언제 사망할지 몰랐기 때문에 조병옥과 장면 모두 부통령이 되고 싶어 했단다.

야당
(野黨)
현재 정권을 잡고 있지 않은 정당

출마
(出馬)
선거에 후보로 나감

자유당의 부통령 후보였던 이기붕은 부정부패의 주범이었지. 처음엔 이승만을 하늘처럼 받들어 모셨지만, 신임을 얻고 난 뒤에는 그의 눈과 귀를 가린 장본인이었어. 그래서 인기가 별로 없었고, 야당 후보가 부통령으로 당선될 가능성이 컸단다. 야당 후보들은 서로 부통령이 되겠다고 겨루다가 결국 조병옥이 대통령 후보로, 장면이 부통령 후보가 됐지. 하지만 미국에서 위암 수술을 받던 조병옥이 선거 1달 전에 세상을 떠나고 말았어. 이승만은 대통령 단독후보로 출마하게 됐고, 사람들의 관심은 누가 부통령이 되느냐에 있었지.

부정부패는 안 된다냥!

자유당도 경우의 수를 따지기 시작했어. 이기붕 대신 장면이 부통령으로 당선되면, 나이가 많은 이승만이 임기 중 사망할 경우 부통령이 대통령 자리를 이어받아 정권이 바뀌는 것을 뜻하니까 마음이 급해졌지.

3월 15일 선거 당일, 자유당은 결국 전국적으로 투표함을 바꾸는 등 다양한 방법으로 부정선거를 저질렀어. 국민의 불만은 극에 달했고, 전국적으로 항의 시위가 일어났지. 선거 당일에만 10여 명이 죽고, 60여 명이 다쳤지만, 이승만 주변 각료들은 이 사실을 숨기기에 급급했단다.

각료 (閣僚)
한 나라의 내각을 구성하는 각 장관

그러던 중 1960년 4월 11일, 마산 앞바다에서 17살 김주열 군의 시신이 발견됐어. 눈에 최루탄이 박힌 처참한 시신을 보고 잦아들었던 시위의 불길은 다시 타올랐고, 재선거를 요구하는 국민들의 외침이 전국에서 들려왔지.

뒤늦게 상황을 알아차린 이승만은 4월 12일 국무회의에서 김주열의 죽음을 언급하며, "아직도 싸우고 있으니, 선거에 무슨 문제라도 있는 것인가?"라고 물었어. 그런데 내무부 장관은 "야당이 선동하고 있는 것 같습니다"라고 했고, 문교부 장관은 "뒤에 불순분자들이 조종하고 있는 것 같습니다"라고 했지. 이

부정선거에 항의하며 거리로 쏟아져 나온 시민들

'민주주의 사수하자'라고 외치는 4·19 당시 학생들의 시위

승만의 눈과 귀를 막고 거짓을 일삼던 간신배들이 사실을 말할 리가 없었어. 그 당시 상황에 대해 "이승만 대통령은 건강하고 판단력도 있었다. 하지만 자유당 강경파가 대통령을 에워싸고 사람도, 정보도 막고 온건파의 보고마저 차단하였다"라고 국회의장은 증언했단다.

그렇게 이승만 정권의 종말을 재촉하는 사건이 벌어졌어. 4월 18일, 고려대학교 앞에서는 학생들이 시위를 하고 있었지. 빽빽이 모여 있어도 평화롭고 정당한 시위였어. 그런데 자유당 정권 내내 기승을 부렸던 정치 깡패들이 학생들에게 무자비한 폭력을 가하는 사건이 벌어진 거야. 안 그래도 화가 나 있던 민심에 기름을 끼얹었지. 시위는 전국적으로 번지게 됐고, 4월 19일 하루 동안의 시위로 전국에서 186명이 죽고, 수천 명이 다치는 대참사가 일어난 거야.

"오늘은 내가 이거 무슨 전쟁 중에 앉아 있는 거 같아. 사람들이 나를 나가라고 하는 모양인데 순순히 좋게 내주려고 해. 하지만 나는 무슨 이유 때문인지는 똑똑히 알았으면 해. 뭣인지 까닭을 알아야 해결할 것 아냐."

대통령이 이렇게까지 호소하면 사실대로 말해야 하는데, 전국이 시위의 불길로 타오르고 있던 4월 19일까지도 간신배들은 허위 보고를 하고 있었어. 많은 업적을 이룬 건국 대통령의 마지막을 얼룩지게 만들었지. 대통령이 아닌 부통령의 부정선거였고, 국민들에게 총부리를 겨눈 것이 이승만의 지시가 아니라 할지라도, 어떤 이유에서건 국민과 소통하지 못한 것은 잘못한 일이야.

6. 자유민주 체제를 수호한 이승만

"국민이 원한다면 내려와야지"

수습할 수 없을 만큼 사태는 커졌고, 4월 21일이 되어서야 이기붕 일당은 비로소 사실대로 말하고 전원 사표를 냈어. 이승만은 부정선거를 계획하고 실행한 사람들의 사표를 받고 나서야 무엇이 잘못되고 있었는지 깨닫게 됐지. 그리고 곧바로 부상자들이 있는 병원을 방문했어.

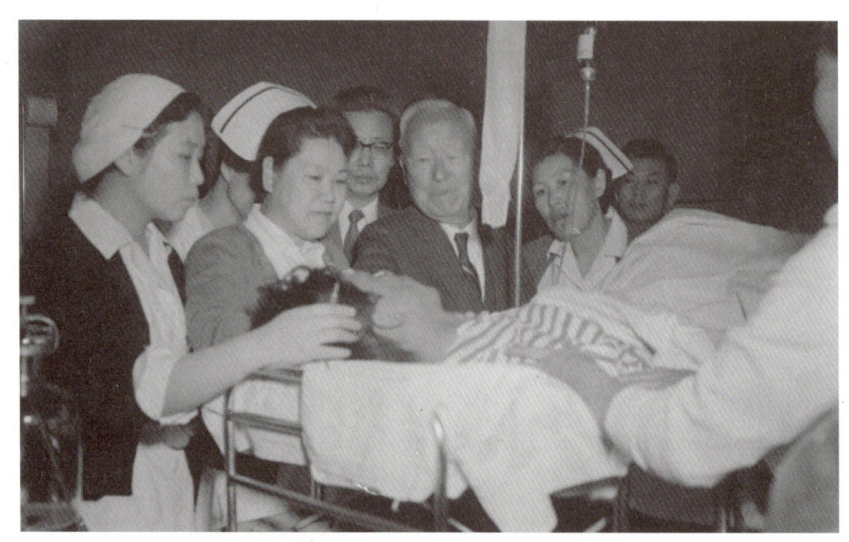

서울대 병원을 찾아 시위 부상자를 위문하는 이승만

"학생들이 왜 이렇게 됐어?"
"부정을 보고 일어서지 않는 백성은 죽은 백성이지. 이 학생들은 참으로 장하다"
"내가 맞을 총알을 너희가 맞았다"라는 말을 덧붙였어.(1960.4.23)

그들의 만남은 슬프고, 안타깝고, 기묘했지. 이승만이 병원에 들어갔을 때, "이 독재자야 물러나라, 당신 때문에 내가 이

렇게 다쳤어"라며 삿대질 하는 학생은 한 명도 없었어. 오히려 "할아버지"라고 부르며 그의 손을 잡고 얼싸안았고, 병실은 온통 울음바다가 됐지. 선거는 잘못됐지만, 이승만에 대한 존경심은 사라지지 않았던 거야.

이승만은 뒤늦게 사태의 심각성을 깨달았지만 이미 엎질러진 물이었어. 서울의 대학 교수 250명이 시내를 행진하며, '학생들의 피에 보답하자', '이승만 대통령 물러나라'라는 구호와 현수막을 들고 시위를 하기 시작했거든.

4월 26일 오전 9시, 송요찬 계엄 사령관이 대통령에게 "발포를 안 하면 수습이 안 됩니다"라고 했을 때 이승만은 "발포는 안 돼! 국민이 무엇을 원해?"라고 물었고, 이에 송요찬 사령관이 "하야하시랍니다"라고 하자 "그럼 하야하지"라고 했단다.

'학생의 피에 보답하자'며 일어난 각 대학 교수들의 시위

그러고는 "오늘은 한 사람도 다치게 해서는 안 되네. 내가 그만두면 한 사람도 안 다치겠지?"라며 김정렬 국방부 장관에게 대답을 독촉했어. 김정렬 장관은 "각하, 저희가 보좌를 잘못하

6. 자유민주 체제를 수호한 이승만　249

여 이렇게 되었습니다. 죄송합니다!"라고 대답했지.

이승만은 이것을 속히 사람들에게 알리자며, 하야 성명을 받아쓰게 했어. 이승만은 "국민이 원한다면 대통령도 물러나야 해. 그게 우리 민주주의니까"라는 말을 남기고, 하야했단다.

퇴임 후, 각국 대표들로부터 위로 편지를 많이 받았어. 이승만은 "나를 위로하는 편지는 안 받겠소. 나는 지금 가장 행복하다오. 부정을 보고 궐기하는 백성들이 나라를 지키니, 이런 날을 평생 기다렸기 때문이오"라고 답장했지.

궐기
(蹶起)
어떤 목적을 이루기 위하여 마음을 돋우고 기운을 내서 힘차게 일어남

안위
(安危)
편안함과 위태함을 아울러 이르는 말

"부정을 보고
일어나지 않는 백성은 죽은 백성이지"

정말 국민만 생각하셨구나..!

한 나라의 지도자로서 이기붕의 욕망을 방치했던 것과 국민의 안위를 살피지 못했던 책임은 분명히 있어. 하지만 이승만은 마지막 순간까지 대한민국을 사랑했고 희망을 이야기했단다. 본인은 비록 잘못에 대한 심판을 받을지라도 우리 조국의 미래에는 희망이 있다고 말이야.

4·19 혁명 때, 시위에 앞장섰던 사람들은 대부분 학생이었어. 그리고 그 많은 학생을 교육한 사람이 바로 이승만이었지. 그의 교육개혁으로 전 국민에게 교육의 기회가 주어졌고, 민주

주의를 배웠어. 그래서 현실 정치에서 잘못된 것을 보고 비판하고 저항할 수 있었던 거야.

이렇게 국민을 민주 시민으로 양성했지만, 그 성공으로 인해 스스로는 희생된 셈이지. 그래서 이승만을 '자기 성공의 희생자'라고 평가하기도 해.

하야 성명을 발표하고 이화장으로 돌아가고 있는 이승만을 보려고 모인 군중(1960.4.28)

그와 동시대를 살았던 어르신들은 "잃었던 나라를 되찾아 주었고, 전쟁 때 멸망할 뻔했던 나라를 지켜 주었으며, 세계에서 제일 가난했던 나라의 국민을 다 먹여 살렸으니, 이승만이 없었으면 나라도 없었고, 국민은 다 굶어 죽었을 것이다"라고 말씀하시지. 비록 명예롭게 대통령 직에서 내려오진 못했지만 국민도 이승만의 업적을 잘 알고, 기억하고 있었던 거야.

현재의 잣대만으로 이승만의 모든 공과를 평가하기는 쉽지 않아. 그래서 우리가 치우치지 않은 역사관을 가지고 그 시대와 인물을 바라보는 눈을 기르는 것이 정말 중요하단다.

이승만이 하야를 선언하고 경무대에서 이화장으로 옮겨 가

공과 (功過)
공로와 과실을 아울러 이르는 말

이화장 (梨花莊)
이승만 대통령이 살던 집

이화장에 돌아와 시민들에게 손짓하는 모습
자신의 소식을 궁금해 하며
모인 시민들에게 손짓하는 이승만

**'만수무강 하소서' 이화장 담벼락에
국민들이 써서 붙인 벽보들**

려는데 "나는 이제 대통령이 아니니까 관용차를 탈 수 없다. 걸어서 가겠다"라고 고집을 부리니, 측근들은 그를 억지로 차에 태워 이동했단다.

앞 페이지의 사진을 보면 이승만이 타고 있는 자동차 옆으로 수많은 국민이 늘어서 있는데, 경찰은 보이지 않아. 이것은 무엇을 의미할까? 만약 이승만을 공격하고 비난하는 분위기였다면 경찰이 나와서 통제했겠지. 하지만 손뼉을 치고 있는 국민의 모습에서 나라를 세우고 지켰던 대통령에 대한 국민들의 애정을 엿볼 수 있단다.

이승만이 거처를 옮긴 뒤, 국민은 이화장 담벼락에 벽보를 써 붙였어. 대부분 '만수무강하소서' '할아버지 만세', '여생 평안하시라' 등의 내용이었는데, 한결같이 대통령을 위하는 말이었지. 평생을 나라와 민족을 위했던 초대 대통령을 가슴에 품었던 국민의 마음이었던 거야.

하와이에서 고국을 그리워하며 영원한 안식에 들다

하야한 후에 이승만은 하와이로 떠났어. 그는 떠나고 싶지 않았지만, 남편의 건강을 염려해 "나라가 좀 안정될 때까지 2~3주 정도 하와이에 가서 바람 좀 쐬고 오자"라는 아내의 권유를 거절할 수 없었지. 그러나 그것이 마지막이 될 줄은 아무도 몰랐어.

고국을 떠나는 날 아침, 이승만은 이화장에서 차를 타고 공항으로 가는 길에 벌판의 벼를 보며 말했어. "풍년이 들어서 우리 국민이 다 배부르고 행복하게 살게 하소서"라고 말이야. 나라를 생각하며 우리 국민이 밥 세 끼 든든히 먹게 해 달라는 마음이었겠지.

김포 공항에서 세관원이 소지품 검사를 하는데, 건국 대통령이자 12년 동안 최고 권력에 있었던 사람의 짐이란 게 검소하다 못해 초라하기 그지없었어. 이승만의 옷, 다른 하나는 프란체스카의 옷, 또 하나는 평생 썼던 고물 타자기, 마지막 하나는 먹던 약과 그날 점심 도시락. 이렇게 네 개의 트렁크가 전부였단다.

하와이 행 비행기의 트랩을 오르는 이승만(1960.5.29)

양아들 이인수가 하와이로 찾아와 양부모와 감격의 첫 대면을 하는 모습

이승만 부부에게는 친자녀가 없었기 때문에 돌봐 줄 사람이 없었어. 그런데 양아들인 이인수 박사가 하와이로 찾아왔고, 함께 살게 됐지. 하와이에 있는 동안에도 자나 깨나 나라 생각뿐이었던 이승만은 양아들과 한국에 대해 말하는 것을 좋아했어.

자주 "지금 우리나라가 어떻게 돼 가지?" 라고 묻곤 했는데, 그때마다 아들은 "나라가 어렵습니다. 힘듭니다" 이러면 자꾸 걱정을 하시니까 "지금 많은 사람이 나라를 위해 열심히 일하고 있으니 잘 되어갈 것입니다. 염려 마십시오"라고 대답을 했지. 그러면 이승만이 "그런가? 나라가 잘 되어 간다면 그것은 참 좋은 일이야..." 하고는 눈을 지그시 감았지. 그러다가도 곧 깊은 한숨과 함께 눈을 뜨면서 침통한 표정으로 또박또박 말했어. "그런데 너는 남이 잘된다, 잘된다 하는 소리 아예 믿지 마라. 이렇게 절단이 난 걸... 그렇게 우리나라 일이 쉬운 게 아니야!" 그 말을 하던 이승만의 얼굴엔 파란만장한 인생을 살았던 정치가의 회한이 담긴 표정이 묻어났어. 또 "지금 우리나라의 남북통일을 위해서 나서는 이가 있나?" 라는 질문도 자주 했어. "우리 국민의 소원이니, 모두가 통일을 생각하고 있습니다" 이

내가 나서서 한바탕 했으니 이제 누군가 통일을 위해서 싸워야 할 것 아냐? 내 소원은 백두산까지 걸어가는 거야!

렇게 대답하면 이승만은 "생각만 하면 뭐해, 행동해야지. 이승만이가 나서서 한바탕했으면 그다음에 또 누가 나서서 통일을 위해 한바탕해야 할 거 아니야? 내 소원은 백두산까지 걸어가는 거야"라며 버럭 화를 냈다는 거야. 90살을 바라보는 고령의 이승만은 여전히 민족에 대한 비전을 품고 희망을 붙들고 있었단다.

이승만은 **오매불망** 한국에 돌아갈 날만 기다렸어. 아침이면 식탁에 앉아 "저기가 서편이야, 바로 저쪽이 우리 한인들이 사는 곳이지"라며 멍하니 바라보곤 했고, 나라를 위한 기도를 잊지 않았지. 또 5달러 하는 이발비를 아껴 여비를 모았고, 시장에 가는 프란체스카에게 늘 "조금만 사 와. 돈 써버리면 서울 못 가"라며 식료품비까지 아끼게 했단다.

조선의 **봉건주의**, 일본의 **제국주의**, 북한의 공산주의와 싸워 오늘날 자유 대한민국 번영의 기초를 놓기 위해 이승만이 얼마나 애썼는지 이제 잘 알겠지?

그의 삶은 우리나라가 어려운 시절, 온 힘을 기울여 우리 후손들이 살아갈 수 있는 터전을 마련하는 시간이었어. 조선이 멸망했을 때도 많은 사람이 절망에 빠져있었지만, 이승만은 오히려 희망을 말했지. 나라가 완전히 망해서 한일병합이 된 다음, 이승만은 "첫째 무군(無君), 이제 왕이 없으니 민주주의 국가를 세울 수 있어서 시원하다. 둘째 무반(無班), 양반 상놈 차별 없어져서 시원하다. 셋째 무발(無髮), 근대 이전 시대의 상징인 상투,

---

오매불망
(寤寐不忘)
자나 깨나 잊지 못하다

봉건주의
(封建主義)
높은 사람이 절대 권력을 가지고 아랫사람을 다스리는 사회의 지배 방식

제국주의
(帝國主義)
우월한 군사력으로 다른 나라를 쳐서 대국가를 건설하려는 침략주의적 경향

고루한 옛날 문화 다 없애고 개혁할 기회가 생겼으니 차라리 시원하다"라고 말했어.

나라가 망하는데, 진짜 시원했을까? 속으로는 비참했겠지. 하지만 국민 모두가 눈물 흘리고 있는데, 그들을 더 슬프고 힘 빠지게 만들 수 없었던 거야. 오히려 "할 수 있다. 다시 하면 된다"라며 힘을 주고 싶었던 거지. 돌아가시기 전에는 "나라를 한 번 빼앗기면 되찾는 일이 얼마나 힘들고 어려운지 우리 국민은 기억해야 한다"라고 했어. 고통의 세월을 참고 이겨내면서 국민에게는 희망을 말하고 긍정을 외쳤지만, 돌아서서 얼마나 많은 눈물을 흘렸을지 짐작이 된단다.

나라를 빼앗기면 다시 찾는 건 힘들다냥 잊어선 안 된다냥!

태평양 주둔 미군 총사령관인 화이트 대장과 주한 유엔군 사령관을 지내고 합참의장으로 있던 램니처 장군, 또 맥아더 장군과 밴 플리트 장군도 이승만을 만나러 일부러 하와이에 들렀고, 그를 위로했지. 이들은 모두 이승만을 평생토록 존경해 마지않았던 이들이었어.

그러던 중, 이승만의 건강이 나빠지기 시작했어. 프란체스카는 어떻게든 빨리 고국에 모셔야겠다는 생각에 서둘러 귀국을 준비했지. 그리고 1962년 3월 17일, 그토록 그리던 고국으로 돌아가는 날 아침이 밝았어. 이승만은 간단히 아침 식사를 하고 외출복으로 갈아입은 뒤, 소파에 앉아서 출발 시간을 기다리고 있었지.

그때, 하와이 총영사가 찾아와 "귀국하시는 것을 조금 연기

해주십시오"라고 했어. 잠시 침묵을 지키던 이승만은 "모든 사람들이 나라에서 얘기하는 걸 들을 줄 알아야 돼. 그래도 이제 내게 남은 일은 우리나라에 가서 죽는 거 밖에 없어"라며 눈시울을 붉혔지. 곁에 앉아있던 양아들은 싸늘해진 이승만의 손을 계속해서 어루만지며 진정시켰단다.

귀국을 만류하는 이야기를 듣고, 큰 충격을 받았던 이승만의 건강은 급속도로 더 나빠졌어. 얼마 후 뇌출혈 증상까지 나타나 급하게 병원으로 이송됐는데, 다행히 응급처치를 받고 의식을 되찾을 수 있었지만 손과 발은 거의 마비 상태가 됐고, 회복할 수 없었지.

만류
(挽留)
붙들고 못 하게 말림

**대한민국을 그리워하는 남편의 곁을 끝까지 지키며 극진히 보살핀
'영혼의 동반자 프란체스카'**
하와이 마우나라니 요양원에서 이승만 부부의 모습이야.

이승만은 요양원으로 거처를 옮겼고, 가난한 노부부의 사정을 딱하게 여긴 요양원의 배려로 무료로 지낼 수 있었어. 프란체스카는 간호보조원 자격으로 요양원 직원 공동 숙소에 머물면서 정성을 다해 간호했지.

프란체스카의 친정에서 용돈을 받으며 생활을 이어가던 이승만은 고국을 무척 그리워하다가 3년간의 투병 생활끝에 1965년 7월 19일, 세상을 떠나게 된단다.

한성감옥 시절부터 "자유를 위하여 투쟁하라"라는 말을 외쳤고, 감옥에서 쓴 '독립정신'에서도 "자유라는 새로운 개념으로 속박 상태에 묶인 국민을 해방해야 된다"라는 대목이 있어. 이렇게 평생 되뇌던 말은 유언으로까지 이어졌지.

> **속박(束縛)**
> 어떤 행위나 권리의 행사를 자유로이 하지 못하도록 강압적으로 얽어매거나 제한함

하와이에서 돌아온 이승만의 유해

"하나님, 저는 너무나 힘들고 지쳤습니다. 사랑하는 우리 민족을 위해서 이제는 아무것도 할 수 없습니다. 우리 민족을 하나님께 맡깁니다. 다시는 종의 멍에를 메지 말게 하소서" 마지막 순간까지 그의 기도에는 '대한민국'이 있었단다.

이승만은 죽어서야 귀국을 승낙 받았고, 그의 유해가 서울에 도착했을 때는 수십만의 국민이 나와서 그의 마지막 가는 길을 애도했어.

나라를 위해 애썼던 분인데, 죽음을 앞두고도 고향에 돌아오지 못하고 저 멀리 타향에서 쓸쓸히 맞이한 최후를 국민은 함께 슬퍼하고 안타까워했지. 건국 대통령에 대한 우리 국민의 애틋한 마음을 확인할 수 있단다.

> **유해**
> **(遺骸)**
> 죽은 사람의 몸

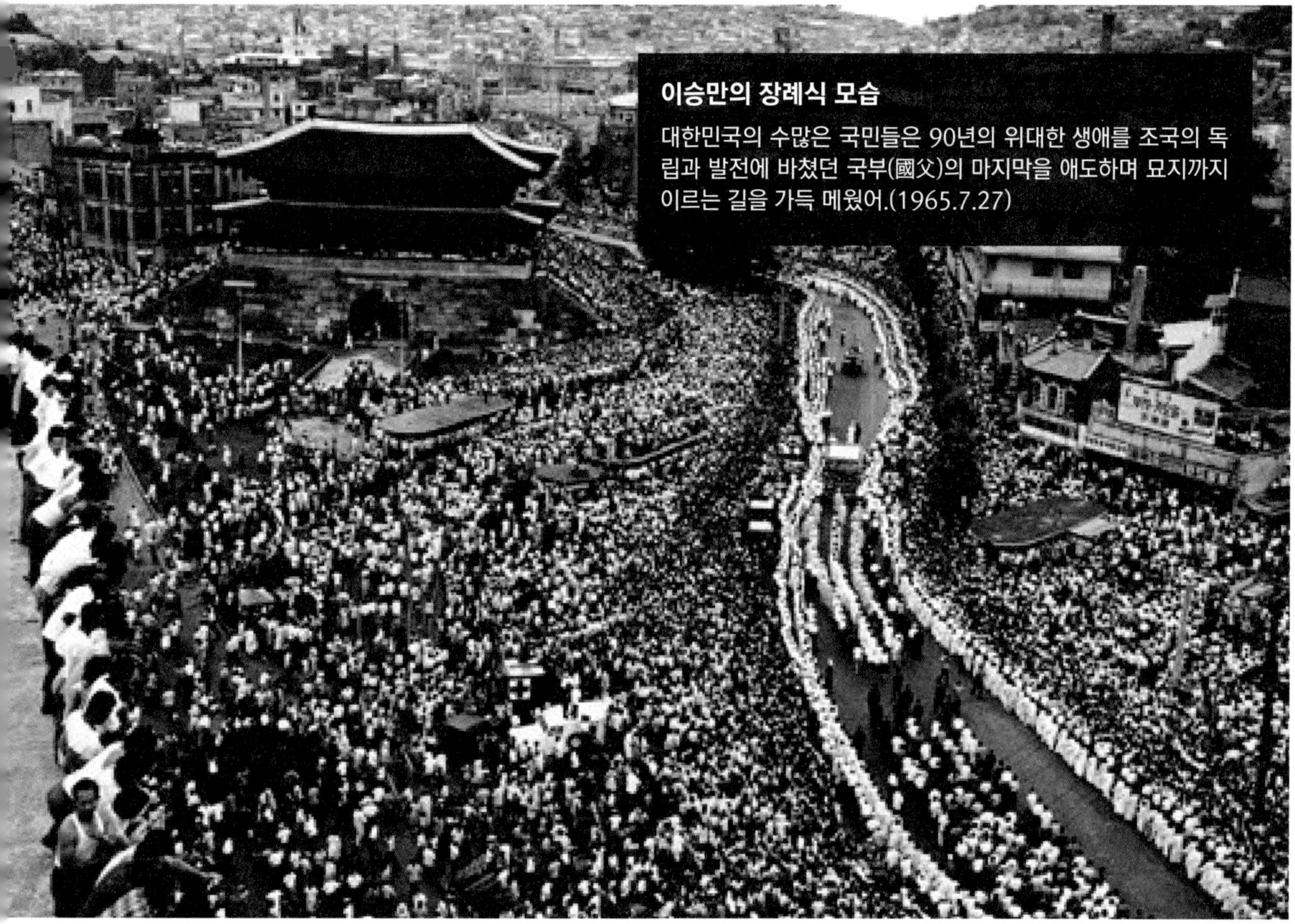

이승만의 장례식 모습
대한민국의 수많은 국민들은 90년의 위대한 생애를 조국의 독립과 발전에 바쳤던 국부(國父)의 마지막을 애도하며 묘지까지 이르는 길을 가득 메웠어.(1965.7.27)

그리스도께서 우리를 자유롭게 하려고 자유를 주셨으니
그러므로 굳건하게 서서 다시는 종의 멍에를 메지 말라
(성경 갈라디아서 5장 1절)

나라를 한 번 잃으면 다시 찾기가
얼마나 어려운지를 우리 국민들은 잘 알아야 하며,
경제에서나 국방에서나 굳건히 서서
두 번 다시 종의 멍에를 메지 말아야 한다.
이것이 내가 우리 국민들에게 주는 유언이야.
반드시 자유를 지켜야 해.

- 이승만의 유언

6. 자유민주 체제를 수호한 이승만 263

한솔: 엄마, 이상해요

그동안 몰랐던 이승만 대통령을 조금 알게 되었을 뿐인데, 제가 지금 살고 있는 대한민국이란 나라가 어떤 나라인지 다시 보이기 시작해요

엄마: 어떻게?

한솔: 우리가 지금 살고 있는 자유민주주의 대한민국은 갑자기 하늘에서 뚝 떨어진 게 아니었어요

저는 처음부터 우리나라 모든 사람들이 자유를 누리며 살았다고 착각하고 살았던 거 같아요 그런데 아니었네요

엄마: 그렇지, 5천 년 역사 속에 고구려, 백제, 신라, 고려, 조선 등 수많은 나라가 건국되었지만 '왕의 나라, 지배층의 나라'였으니까 대부분의 구성원은 힘없는 백성이거나 노예나 다름없는 천민이었지

한솔: 그러니까요. 왕의 나라, 양반들의 나라가 아니라 모든 국민들의 나라는 한반도에 처음 세워진 것이었어요

한결

엄마, 저는 제가 북한이 아니라 대한민국에 태어난 게 얼마나 다행인지 몰라요

맞아

엄마

북한은 여전히 수령 독재 체제인데, 또 다른 반쪽인 대한민국은 5천 년 역사 가운데 처음으로 남녀노소, 신분 차별 없이 평등하게 한 표씩 선거권을 가진 자유인들의 민주 공화제가 탄생한 거니까

한솔

충격적인 것은 해방 당시, 우리나라 사람들 대부분이 사회주의를 원했다는 사실이에요. 저 같으면 무엇이든 나라에 허락받고 통제 받아야 하는 그런 공산주의 국가에선 살고 싶지 않을 텐데 말예요

너희는 공산주의를 선택한 국가의 결과를 눈으로 보고 있지만, 그 당시엔 공산주의가 '모든 사람이 똑같이 일하고, 똑같이 나누는 차별 없는 천국 같은 나라'를 가져다 줄 것이라고 믿었단다

엄마

아마 너희들도 그때 태어났다면 공산주의가 좋은 줄 알았을 걸?

한솔

정말! 그랬을 것 같아요

6. 자유민주 체제를 수호한 이승만 **265**

엄마: 만약에 이승만 대통령이 없었다면, 지금의 대한민국 자체가 존재할 수 있었을까?

 한결: 아마 소련, 중국에 이어 북한처럼 공산화 되었겠죠?

 엄마: 맞아. 우리와 비슷한 시기에 프랑스의 지배에서 벗어난 베트남도 공산주의와 자유민주주의 국가로 나눠졌지만 미군이 철수하고 결국은 모두 공산화됐지

 한솔: 정말요?

모두가 공산주의의 환상에 사로잡혀 있을 때, 이승만 대통령이 미국을 잡고 늘어져서라도 우리나라를 끝까지 자유민주주의 국가로 지켜주셔서 너무 감사해요

 한결: 그래서 우리나라가 북한과는 달리 눈부신 발전을 이룰 수 있었잖아요

 엄마: 이승만 대통령이 지켜낸 '자유'라는 원동력 아래, 우리 민족이 지금껏 펼쳐내지 못하고 있던 저력이 드디어 활짝 꽃피우게 되었다고 엄마는 생각해^^

부록

이승만의 영혼의 동반자
프란체스카 도너 리

이승만과 프란체스카
조국을 너무도 사랑하는 노신사를 지켜보며 생긴 존경심이 나이와 국경을 뛰어넘는 사랑으로 승화되어 결혼에 이르렀지.

유대인(Judea人)
기원전(B.C.) 2,000년경 메소포타미아에서 팔레스타인으로 이주하여 히브리어를 말하는 사람들과 그 자손. 이스라엘인이라고 하며 구약성경만 믿는 유대교가 종교임

동분서주(東奔西走)
사방으로 이리저리 몹시 바쁘게 돌아다님을 이르는 말

이승만과 프란체스카의 순애보 같은 사랑 이야기 역시 흥미진진하고 감동적이야. 유대인이자 오스트리아의 부유한 사업가의 딸이었던 프란체스카는 33살에 어머니와 함께 여행을 하던 중에 우연히 이승만을 만났지. 국제 연맹 회의가 열렸던 스위스 제네바에서 58살의 동양인 이승만과 사랑에 빠졌고, 평생 조국의 독립을 위해 동분서주하는 가난한 독립운동가의 아내로 살았어.

독어, 영어, 불어와 타자에 능숙했던 그녀는 이승만의 동지 겸 비서로, 대한민국 초대 대통령 영부인으로 외교 업무에 크게

이바지했지. 프란체스카의 등장 여부에 따라 그날 회담의 성공 여부를 알 수 있을 정도였어.

특히 6·25 전쟁 기간에는 3개국의 언어로 비밀 외교문서를 작성했고, 수많은 편지로 전쟁의 참상을 알려 국제 사회의 동정 여론을 끌어냈지. 그리고 낙동강 전선에서 사투가 이어지던 어느 날, 이승만은 "대구 방어선이 뚫리면 내가 제일 먼저 당신을 쏘고 싸움터로 나가야 한다"라며 당분간 도쿄의 맥아더 사령부에 가 있으라고 권했어. 프란체스카는 순종적인 아내였으나 그 말을 듣지 않고 끝까지 이승만의 곁을 지켰지.

평양 김일성 광장에서 열린 국군 평양 입성 환영대회에 참석한 대통령 내외(1950.10.31)

프란체스카 여사가 고아원을 방문해 위문품을 전달하는 모습(1953)

이승만이 죽은 뒤, 5년 동안 오스트리아에 머물던 프란체스카는 치과 치료를 하기 위해 3천 달러를 가지고 한국으로 귀국했어. 왜 기술이 더 좋은 외국에서 치료를 받지 않았느냐는 며느리의 질문에 "너희 아버님이 독립운동할 때는 1달러도 아까

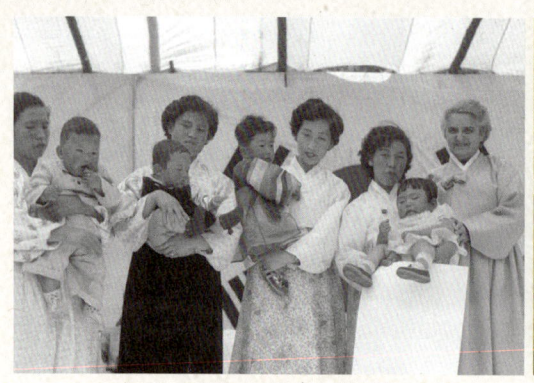
우량아 선발대회 수상 아동들과 함께 한 프란체스카 (1956)

방한한 닉슨 부통령과 함께한 프란체스카 (1953)

워하셨는데, 어떻게 몇 천 달러를 외국에서 쓰느냐?"라고 했지. 그리고 통일될 때까지는 우리가 독립한 것이 아니니 절약하는 생활을 해야 한다며, 자신이 독립운동가의 아내였다는 사실을 늘 자랑스러워했단다.

프란체스카는 절약 정신이 투철하고 의지가 강하기로 유명했어. 너무 절약했던 나머지 손자들의 해진 옷도 여러 번 더 꿰매서 입혔고, 나중에는 손자들이 너무 초라한 옷 때문에 학교에 가기 싫다고 투정을 부리기도 했단다. 그녀의 며느리가 "절약에 관한 한 프란체스카 여사는 인간의 경지를 뛰어넘은 분이었다"라고 할 정도니, 말 다 했지?

프란체스카는 "우리가 북한 동포들을 위해서 이렇게 절약하는 모습을 보여야 강대국들이 대한민국을 함부로 대하지 않는다"라고 했는데, 절약의 이유가 '애국'에 있었던 거야. 약소국의 퍼스트 레이디로 평생을 지냈던 그녀의 조국을 향한 간절한 사

퍼스트레이디 (First Lady)
대통령이나 수상의 부인을 이르는 말

경무대를 방문한 어린이와 함께

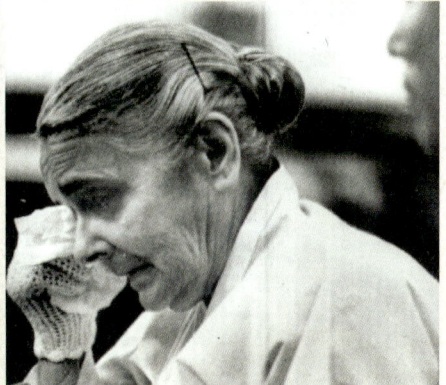
남편의 장례식장에서

랑이 느껴지지.

그렇게 그녀는 91살에 생을 마감했어. 유언으로 "하나님이 우리와 함께하시면 누가 코리아를 대적하랴"라는 말을 남겼지. 그리고 자신이 죽으면 남편이 독립운동할 때 사용했던 태극기와 성경책을 관에 넣고, 관 뚜껑에는 남편이 직접 쓴 붓글씨인 '남북통일' 종이를 덮어 달라고 했단다.

이승만과 프란체스카는 '애국의 교과서'야. 강대국과 맞짱 뜨고, 새로운 개혁을 시도했던 그들의 삶을 통해 나라를 발전시키기 위해서 지도자가 어떤 일을 해야 하는가를 배울 수 있지. 하지만 이승만과 프란체스카를 통해서 평범한 일반 국민이 할 수 있는 소박한 애국의 길도 찾아낼 수 있어. 끝까지 한 푼 두 푼 아끼면서 북한 동포를 위해 절약하는 모습은 누구나 따라 할 수 있는 거니까 말이야.

이승만과 프란체스카는 대한민국을 정말 사랑한 영혼의 짝꿍이었구나!

부록. 프란체스카 여사 271

이승만에 대한 평가들

> 그는 아주 머리가 좋은 사람이었고,
> 45년간 한국의 독립이라는 하나의 목표를
> 위해 달려온 의지의 인간이었다.
> 그는 아주 고차원적 시각에서
> 복잡한 세계정세를 정확하게 이해했다.
> 그의 영어는 글과 말 무엇이든지 유창했고,
> 그의 레토릭*은 미국인들을 사로잡았다.

> 이승만은 미국인보다 미국 정치,
> 역사를 더 잘 알고 있다.
> 그가 미국 역사를 이야기하면
> 넋을 잃어가면서 들었다.

존 무초
John Joseph Muccio
첫 주한 미국대사

* 레토릭이란 설득의 수단으로 문장과 언어의 사용법이다냥!

> 한국 근현대사 연구에서 이승만을 빼놓고는 어떤 사건도 정확한 설명이 되지 않는다.

그렉 브레진스키
Gregg Brazinsky
현 조지 워싱턴 대학교수

> 이승만이야말로 과거에도 위대했고, 지금도 위대한 인물이다. 그는 한국이 배출한 세계적인 위인 중의 하나이다.

올리버 R. 에비슨
Oliver R. Avison
제중원 원장, 세브란스 병원 설립자

부록 273

> 이승만은 공산주의에 대한 증오에서는 타협을 몰랐고, 자기 국민에 대한 편애가 심했고, 불가능한 일을 끈질기게 요구했으나 마음속에는 깊은 애국심으로 가득했고, 애국심에 의지해 오랜 망명 생활을 보내고 귀국한 이후 눈뜬 시간의 거의 전부를 나라를 위해 바쳤다.

매튜 리지웨이
Matthew Bunker Ridgway
미국 제8군 사령관, 맥아더 후임

> 이승만은 강대국 소련에 대한 미국의 편법적인 방법을 버리게 했다. 동시에 약소국 한국에 정당하고 의로운 태도를 취하게 했다. 이승만은 미국을 자기 편으로 만들었다. 이는 위대한 십자군 운동이었다.

존 힐드링
John H. Hilldring
미국 국무부 차관보

> 우리 시대의 가장 걸출하였던
> 위대한 인물 중에서 그는 아마도
> 가장 덜 알려진 인물일 것이다
> 이승만은 참으로 위대한 인물이다.
> 그는 조직력과 지도력, 그리고
> 예언자의 비전을 두루 갖춘 인물이었다.

> 이승만은 위기와 가난의 심연에서
> 한국민을 끌어올린 위대한 지도자였다.
> 그런데도 한국인들은 이승만에 대해
> 긍지를 느끼기보다는 악의적인 비난에
> 오히려 솔깃해 하고 있다.
> 왜 한국인은 한국이 키워낸
> 위대한 지도자를 모르는 것일까…?

> 다른 나라에서 그 유례를
> 찾아보기 어려운 지도자이다.
> 그의 이름은 위인을 많이 배출한
> 한국역사에서도 단연 가장 위대한
> 정치가로 기록될 것이다.

로버트 올리버
Robert Tarbell Oliver
펜실베니아 주립대학교 언론학 교수

> 그는 우수한 능력과 고결한 성품을 지녔고 조선의 현 상황과 동양의 정세에 놀랄만큼 정통하며 이를 청중들에게 성공적으로 개진한다. 그는 애국심이 열렬한 일꾼으로서 장차 조선의 구원자가 될 것이다.

우드로 윌슨
Thomas Woodrow Wilson
제 28대 미국 대통령, 프린스턴대학 총장 시절

> 이승만은 빈틈이 없고 책략이 풍부한 인물임을 확인할 수 있었다.

> 이승만은 우리 미국을 궁지로 몰아넣었고, 그리고 그는 그것을 잘 알고 있었다.

월터 로버트슨
Walter S. Robertson
미국 국무부 차관보

그는 대한민국보다 크다.

이승만은 결단성 있고 타협할 줄 모르는 당대의 영웅적인 항일투사다.

더글라스 맥아더
Douglas MacArthur
미국 UN군 사령관

진실로, 이승만 대통령을 만난 것은 내 일생일대의 보석 같이 여길 하나의 대사건이자 큰 영광이었다.

더글라스 부쉬비
Douglas Bushby
UN 공식 특파원

이승만 박사가 없었더라면, 한국 민중은 쉽게 우리(미국)의 의지대로 움직였을지도 모른다. 그러나 이 박사의 명령에 따라, 그들은 우리의 의견을 따르지 않았다.

나는 이 대통령이 여러 차례 자기 주장을 굽히려는 막다른 순간까지 갔으리라고 생각한다. 그것은 쉬운 길이었다. 그렇게 함으로써 신랄한 비판을 찬사로 바꿀 수 있었다. 그러나 그 순간에 이를 때마다, 그는 자신에 대한 반란을 일으켰다.

이 박사는 공산치하에서 고통을 받는 북한 주민들을 생각하고 북한이 중국의 1개 성(省)이 되리라고 상상하고는 고독하고 외로운 행로를 계속하고 있다.

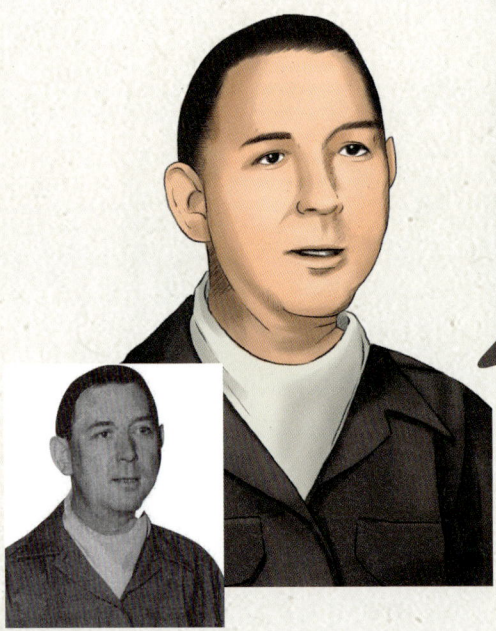

짐 루카스
Jim Lucas
종군기자, 풀리쳐상 수상자

> 그는 여전히
> 자기 나라의 국부이시다.

드와이트 아이젠하워
Dwight David Eisenhower
제 34대 미국 대통령

> 한국의 이승만 같은 지도자가
> 베트남에도 있었다면,
> 베트남은 공산군에게 패망하지
> 않았을 것이다.

맥스웰 테일러
Maxwell Davenport Taylor
미국 제8군 사령관, 밴플리트 후임

> 이승만 대통령은
> 강인한 반공 투쟁을
> 통해서 뿐만 아니라
> 때로는 미국에 대해서도
> 서슴없이 주장을 내세우는 데
> 결코 비굴하지 않았다.

> 그는 공산주의자들의 주장처럼
> 허수아비 지도자가 결코 아니었다.
> 그는 아시아인이었다.
> 그리고 그는 강력한 지도자였으며
> 그에게는 빛이 있었다. 요컨대
> 그는 '아시아의 별'이었던 것이다.

> 나는 지금도 한국의
> 애국자 이승만 대통령을
> 세계에서 가장 위대한
> 반공지도자로 존경한다.

마크 웨인 클라크
Mark Wayne Clark
전 UN군 총사령관

> 나는 이승만의 용기와 뛰어난 지성에 감명을 받고 한국을 떠났다. 공산주의자들을 상대할 때 예측할 수 없게 하는 것의 중요성을 강조한 이승만의 통찰력에 대하여 많은 생각을 했다. 그 후 그의 현명함을 더욱 더 높이 평가하게 되었다.

리처드 닉슨
Richard Milhous Nixon
제 37대 미국 대통령

> 이승만은 전후(戰後) 신생국가의 지도자 중 급이 다른 사람이다. 많은 지도자들이 무장 투쟁을 통하여 독립을 쟁취하려 하였는데, 이승만은 외교를 통하여 즉, 세계 정세의 흐름을 이용하여 대한민국을 세웠다. 수가 많고 수준이 다른 인물이었고 아시아를 대표하는 반공 지도자였다. 오늘날 대한민국의 발전은 이승만 덕분이다.

노로돔 시아누크
Norodom Sihanouk
캄보디아 국왕

> 이승만은 위대한 한국의 애국자, 강력한 지도자, 강철같은 사나이, 카리스마적인 성격의 소유자로 자기 체중만큼의 다이아몬드에 해당하는 가치를 지닌 인물이다.

> 군 생활 마지막 9년 동안 세계 각국의 쟁쟁한 정치가들을 만나는 행운을 얻었다. 그중에 이승만 박사가 가장 뛰어나다.

제임스 밴 플리트
James Alward Van Fleet
미국 제8군 사령관

정말 많은 위인들이 이승만에 대해
이렇게 멋진 평가를 남겼다냥!
참, 깜짝 냥냥 퀴즈 정답이 뭔지 알려주겠다냥!

깜짝 냥냥 퀴즈 정답!

155쪽 / 농지개혁, 교육개혁	200쪽 / 한미상호방위조약
209쪽 / 맥아더 장군	236쪽 / 이승만 라인(평화선)

이념과 사상 개념정리

자본주의, 공산주의 등 어려운 단어들이 참 많이 나오지? 이번 기회에 정확한 뜻을 알고, 반대되는 개념은 무엇인지 한번 알아볼까?

		VS	
경제체제	자유시장경제, 자본주의		계획경제
정치이념	자유민주주의, 자유주의		사회주의, 공산주의
정치형태	민주주의		독재, 전체주의
정치체제	공화제		군주제
세계관	보수주의		진보주의

너.. 너무 어려워요!

쉽지 않은 내용이지만 한번 차근차근 살펴볼까???

서로 반대되는 개념이구나!

〈경제체제〉

자유시장경제(自由市場經濟, Free market economy)
자본주의 (資本主義, Capitalism)

물건을 사고 파는 사람들이 시장에서 만나 경제 활동을 해나가는 경제 질서이다. 이 시장에서는 자유로운 경쟁을 통해 가격이 정해진다. 누구든지 열심히 일한 만큼 자기 소유의 재산을 가질 수 있는 사유 재산제의 특징을 가지며, 사람들은 재산상의 이윤을 추구한다. 자유시장경제체제는 사적 소유와 밀접하게 결합되어 있기 때문에 자본주의라고도 한다. 개인의 자유와 시장 질서를 최대한 보장하는 것이 중요하다고 보기 때문에, 최소한의 정부 개입을 의미하는 '작은 정부'를 추구한다.

작은 정부

계획경제(計劃經濟, Planned economy)

모든 생산 수단을 국가가 소유하여 중앙 정부의 계획과 통제에 의해 생산과 분배, 소비가 관리되는 경제체제이며, 사회주의가 그 예이다. 재산과 소득의 불평등을 없애기 위해 정부가 시장에 개입하는 '큰 정부'를 추구한다. 이러한 계획경제는 경제적 평등과 분배의 형평성을 강조하지만 현실적으로 생산의 효율성이 떨어져 오늘날에는 실패한 경제 체제가 되고 말았다. 시장의 기능을 제한하면서 결국 국민에게 정말 필요한 것을 적절하게 공급하기 어려운 문제가 발생한다.

큰 정부

〈정치이념〉

자유민주주의(自由民主主義, Liberal democracy)
자유주의(自由主義, Liberalism)

국민이 자유롭게 대표를 뽑고, 정부의 활동을 감시하고 견제하는 것이 바람직하다고 보는 정치이념이다. 국가 권력으로부터 개인의 자유와 인권을 보장하고, 개인의 역량을 최대한 발휘할 수 있는 사회를 추구한다. 자유민주주의 체제는 법의 지배를 기초로 모든 국민에게 동등한 시민권을 부여하고, 시장 경제를 통해 경제를 발전시킨다는 원칙을 가지고 있다. 이는 자유주의, 공화주의, 입헌주의 등을 하나로 모은 체제라고 할 수 있다. 자유주의는 기독교 정신에 뿌리를 둔 반면 반대 개념인 사회주의(공산주의)는 기독교 정신을 부정한다.

나라의 대표는 내가 직접 뽑고, 열심히 공부하면 꿈을 이룰 수 있어! 나의 자유와 인권은 소중해!

법과 원칙 안에서
'시민'이라고 하는 개인 →

사회주의(社會主義, Socialism)
공산주의(共産主義, Communism)

사회주의는 모든 사람이 평등하게 사는 이상적인 사회를 추구하는 정치이념이다. 북유럽의 사회민주주의부터 작은 규모의 공동체주의까지 여러 종류의 사회주의가 있다. 우리나라에 알려진 사회주의는 마르크스와 레닌의 혁명이론에서 시작된 가장 극단적인 형태의 공산주의라고 할 수 있다. 공산주의는 개인의 자유와 소유를 제한하고, 자본주의 체제를 뒤엎는 혁명을 추구한다. 재산이 없는 다수(프롤레타리아)를 대변하는 공산당의 독재로 이어지는 경우가 많다. 공산주의를 실천한 소련과 북한에서는 각각 스탈린과 김일성의 독재라는 처참한 결과를 낳았다. 러시아를 비롯한 동유럽 국가는 공산주의 체제의 실패를 인정하고, 그 체제를 버렸다. 여전히 김일성 세습 체제를 따르는 사람들은 공산주의 대신 사회주의라는 말로 미화하나 북한은 **사이비** 공산주의 체제에 지나지 않는다.

> **사이비 (似而非)**
> 겉으로 보기에는 비슷한 듯하지만 근본적으로는 아주 다른 것

〈정치형태〉

민주주의(民主主義, Democracy)

의사 결정을 할 때, 구성원 다수의 의사를 반영하여 실현하고자 하는 정치 사회 시스템이다. 민주주의는 견제와 균형이라는 공화제의 기본 원리를 전제로 하며, 민주주의의 반대 개념은 독재이다. 민주주의는 여러 형태로 변하며 사용되어 왔는데 심지어 실제로는 민주주의와 거리가 먼 공산국가들까지 민주주의 국가로 자처하고 있다. 북한의 인민민주주의와 같이 말이다. 민주주의는 그 속에 무엇이든 넣을 수 있는 '여행용 가방'에 비유되기도 한다. 그래서 '민주주의'라는 용어보다는 어떤 민주주의를 실천하고 있는지가 더 중요하다.

> **자처 (自處)**
> 자기를 어떤 사람으로 여김

독재(獨裁, Dictatorship)
전체주의(全體主義, Totalitarianism)

독재는 1인 또는 소수자에게 권력이 집중되어 있는 정치 형태로, 강력한 국가권력이 국민의 생활을 간섭하고 통제한다. 전체주의는 민족이나 국가의 이익을 위해 개인의 자유를 희생할 것을 요구한다. 이를 설득시키기 위해 전체주의 국가들은 '민족' 또는 '국가'가 나아가야 할 천국, 유토피아를 약속한다. 넓은 의미에서 전체주의는 강제와 억압을 통해 개인 생활을 통제하고자 하는 강력한 독재체제라는 특징을 가진다. 전체주의 독재는 제2차 세계대전 당시 이탈리아의 파시즘, 독일의 나치즘, 일본의 군국주의 등을 가리키는 말로 사용되다가 제2차 세계대전 이후 소련의 프롤레타리아 독재, 북한의 김일성 독재 등 공산주의를 지칭하는 말로 쓰이고 있다.

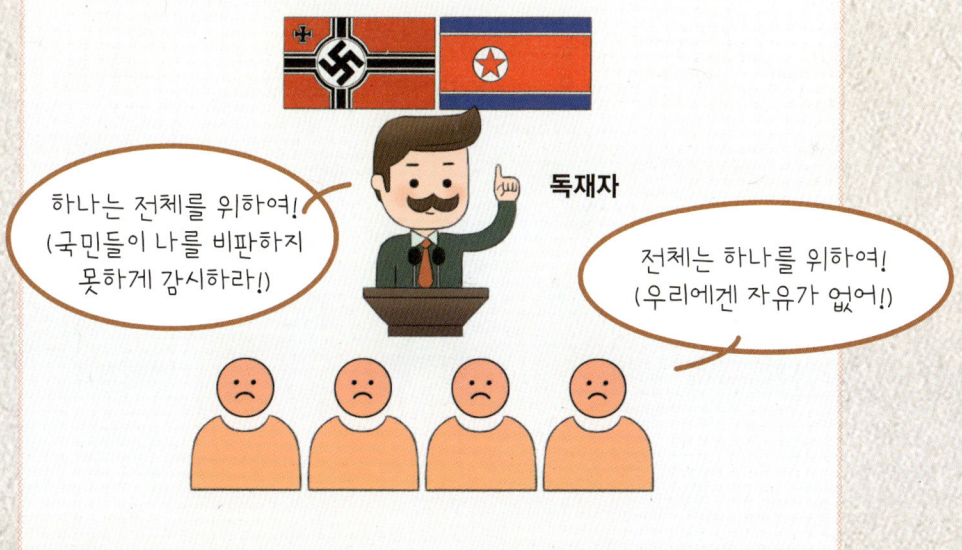

정치체제
(政治體制)

인간이 공동체를 구성하고 정치적 삶을 꾸려 나가는 방식

〈정치체제〉

공화제(共和制, Republic)

고대 그리스에서 기원한 다수의 국민이 통치하는 정치체제이다. 대통령과 같은 국가원수와 국민의 의사를 대변하는 국회의원 등을 국민의 투표로 선출한다. 공화제는 물, 민주주의는 물고기에 비유할 수 있다. 즉 공화제가 바탕이 되어야 민주주의가 존재할 수 있다는 의미이다.

공화제 안에서는 누구도 지배되지 않고 각 개인이 자유를 가진다. 정치참여자인 국민들이 권리를 나눠갖지만, 책임도 나눠갖는다. 권력은 반드시 법에 근거하여 행사되어야 하며, 대통령(행정부), 국회(입법부), 법원(사법부) 등의 권력이 서로 견제함으로 균형을 이루는 것이 공화제의 핵심이다. 국민의 뜻도 다수의 폭정이 되지 않게 법의 지배를 받아야 한다.

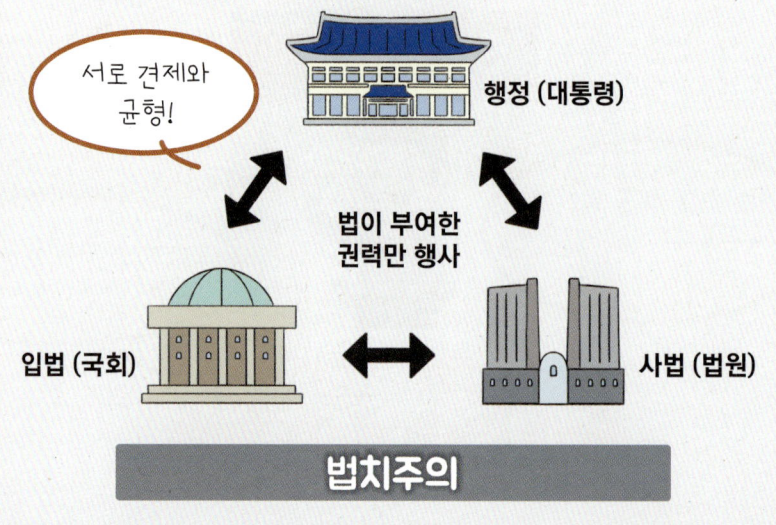

군주제(君主制, Monarchy)

왕, 황제 등의 군주가 최고 권력을 가지고 국가의 중요한 일을 결정하는 1인 지배의 정치체제이다. 고대 국가의 탄생과 함께 시작된, 가장 오랜 역사를 가진 정치체제이지만 근대 이후 많은 나라에서 군주제를 폐지하고 공화제를 도입했다. 영국이나 일본은 세습군주(왕)가 존재한다는 점에서는 군주제이지만, 주권이 국민에게 있으므로 실질적으로는 공화제라고 할 수 있다.

세습군주(世襲君主)
대대로 물려받아 나라를 다스리는 최고 지위에 있는 사람

〈세계관〉

보수주의(保守主義, Conservatism)

변하지 않는 진리가 있다고 보는 세계관으로 신, 도덕, 가족, 질서, 성윤리 등의 핵심적인 가치는 반드시 지켜야 한다고 생각한다. 보수주의는 기존의 전통과 사회 질서를 존중하고, 인간은 그 속에서 **윤리적** 행동을 할 수 있다고 인식하며, 권리의 행사도 어느 정도 제한되어야 한다고 본다. 점진적인 변화를 추구하며, 자유주의와 동일하게 개인, 시장, 공동체의 순서로 중요하게 여긴다. 그리고 사회의 번영과 발전을 추구한다.

> **윤리적**
> **(倫理的)**
> 사람으로서 마땅히 행하거나 지켜야 할 도리를 따르는 것

진보주의(進步主義, Progressivism)

이 세상에 절대적인 진리는 없다고 보는 세계관으로, 기존의 사회 질서나 제도, 정치·경제 체제 등을 개혁하려는 입장이다. 현재 사회의 전통적 혹은 주류적 가치에 만족하지 않으며 변화에 대한 욕구가 크고 혁명을 추구한다. 기존의 질서와 체제에 대하여 현실 비판적 시각으로 접근하며, 새로운 이념이나 체제를 대안으로 내세운다. 또 어떠한 문제를 개인의 책임으로 보기보다는 사회의 책임으로 보는 시각을 가지고 있다.

⟨보충 설명⟩

입헌주의(立憲主義, Constitutionalism)

국민의 기본 권리와 자유를 보장하기 위하여, 통치 및 공동체의 모든 생활이 국가 구성원의 합의로 만들어진 헌법에 따라 이루어져야 한다는 정치원리이다. 기본 인권의 보장, 권력분립, 법치주의는 입헌주의의 본질적 요소라고 할 수 있으며, 자유민주주의와 유사한 개념으로 이해되고 있다.

권력분립(權力分立)
한 개인이나 집단에 권력이 집중되는 것을 방지할 목적으로 권력을 나눠 두어 상호 견제와 균형을 이루려는 제도적 원리

법치주의(法治主義)
국민의 대표기관인 의회(국회)가 만든 법률에 따라 나라를 운영하는 원칙

국민의 모든 생활이
헌법에 따라 이루어진다.

프로테스탄티즘(宗敎改革思想, Protestantism)

근대 종교개혁사상 즉 프로테스탄티즘은 '인간은 누구나 하나님 앞에 평등하다'라는 **천부인권사상**을 기초로 하며, 인간은 소명에 따라 개인의 자유 의지와 선택으로 살아야 한다는 기독교 사상이다. 경제 활동을 통해 얻은 부는 어려운 이웃을 위해 쓰고, 자본가 스스로 근검절약하는 정신을 바람직하게 여긴다. 이러한 프로테스탄티즘이 근대 자본주의와 시장경제 그리고 자유주의와 보수주의 정치이념의 토대가 되었다.

> **천부인권사상(天賦人權思想)**
> 모든 사람은 태어나면서부터 남에게 침해받지 않을 기본적 권리를 가진다는 사상

자본을 정당한 방법으로 얻거나 방탕하게 낭비하지 않는 한, 돈을 벌고 재산 모으는 것을 죄라고 여길 필요는 없어!

열심히 일하고 절약해서 돈을 많이 버는 만큼 어려운 이웃도 돌보며 살아야 해!

이승만 연보

1875.3.26	황해도 평산군 마산면 능내동에서 출생. 호는 우남(雩南). 아버지 이경선(李敬善, 1839-1912), 어머니 김해 김씨(1833-1896) 사이에 3남 2녀중 막내로 출생하였으나, 손위의 두 형이 그의 출생 전에 사망했기 때문에 6대 독자가 됨. 양녕대군(태종의 장남)의 16대손이지만 대군이 세자 자리를 동생 충녕대군(세종)에게 넘겨주었기 때문에 양녕대군파는 조선시대에 별로 빛을 볼 수 없었다. 게다가 이승만 자신은 가난하게 자랐기 때문에 조선왕조 자체에 대해 극히 비판적이었다.
1877	서울로 이사하여 남대문밖 염동, 낙동을 거쳐 도동의 우수현(雩守峴)에서 자람. 그 때문에 그는 지역적으로 서북파 보다는 기호파로 분류되는 것이 보통이다.
1879	퇴직 대신 이건하가 운영하는 낙동서당에 입학.
1885~1894	사간원 대사간직을 지낸 이근수(양녕대군 봉사손)의 도동서당에서 수학.
1895.4.2 (20세)	신긍우(신흥우의 형)의 권유로 아펜젤러의 배재학당(培材學堂) 입학.
1895.11.29	명성황후의 원수를 갚는다는 계획(춘생문 사건)이 탄로나 황해도 평산의 누이 집에 3개월간 피신.
1896.5 (21세)	배재학당에서 서재필을 만나 서양 학문을 배움.
1896.11.30	배재학당에서 양홍묵 등과 함께 〈협성회〉를 결성하고 미국식 토론회를 통해 개화-구국운동의 방향을 찾음. 이승만은 서기, 회장을 맡음.
1897.7.8 (22세)	배재학당 졸업식(방학예식)에서 졸업생을 대표해 '한국의 독립'이란 제목으로 유창한 영어 연설을 함으로써 참석한 정부 고관들과 주한 외국 사절들로부터 극도의 칭찬을 받음.
1898.1.1 (23세)	양홍묵과 함께 한글판 주간신문 「협성회회보」를 발간하고 주필을 맡음. 한국 최초의 현대시 「고목가(枯木歌)」를 실어 열강의 침략에 대한 국민의 경각심을 일깨우려 함.
1898.3.10	러시아의 이권 침탈을 규탄하기 위해 독립협회(獨立協會)가 종로에서 제1차 만민공동회를 개최하자 가두연설로 인기를 얻음. 외부대신에게 항의하는 총대(總代)위원으로 뽑힘.
1898.4.9	「협성회회보」를 한국 최초의 일간지인 「매일신문」으로 발전시킴(사장 및 저술인의 직책을 맡음).
1898.8.10	이종일과 함께 한글 신문인 「제국신문」을 창간(편집과 논설 담당).
1898.11.5	군주제를 폐지하고 공화정을 도입하려한다는 혐의를 받아 독립협회의 이상재, 남궁억 등 17인이 체포되자(익명서 사건), 이승만은 배재학당 학생 등 대중을 이끌고 경무청과 평리원(고등법원) 앞에서 철야 농성을 벌여 석방시키는 데 성공.
1898.11.21	만민공동회에서 연설하던 중 수구파들이 보낸 보부상 2천여 명의 습격을 받아 유혈충돌이 일어남.
1898.11.26	고종 황제가 독립협회를 달래기 위해 헌의 6조의 실시를 약속하고, 이승만, 남궁억 등 50여 명을 중추원 의관(종9품)으로 임명함.
1898.12.23	고종이 만민공동회 해체로 방향을 바꾸자, 미국인 의사 해리 셔먼의 집으로 피신.
1899.1.9 (24세)	박영효 일파의 고종 폐위음모에 가담했다는 혐의로 체포됨(독립협회 사건). 5년 7개월 간의 감옥 생활이 시작됨.
1899.1.17	이승만의 석방을 미국공사 알렌이 외부대신 박제순에게 요구했다가 거부당함.
1899.1.30	독립협회 동지 주시경(한글학자)이 몰래 건네 준 육혈포를 쏘며 동지 2인과 함께 감옥을 탈출했으나 곧 체포됨. 서상대만 중국으로 탈출 성공.
1899.7.11	평리원(고등법원) 재판장 홍종우에게 곤장 100대와 종신형을 선고받고 한성감옥에 수감됨. 탈옥 동지 최정식은 처형됨.
1900.8. (25세)	한성감옥에서 청일전쟁의 교훈을 다룬 중국책 「중동전기본말」을 한글로 번역. (1917년 하와이에서 「청일전기」라는 이름으로 출판됨)
1901~1903 (26-28세)	옥중 생활 속에서도 가명으로 「제국신문」과 「신학월보」에 수시로 논설을 실음. 어린이 죄수들을 교육하고, 옥중도서실을 운영.
1904.2~6 (29세)	국민계몽서인 「독립정신」의 원고를 완성(서양의 선진문명을 배워 부국강병을 이룩할 것을 백성에게 호소한 책으로서, 원고가 미국으로 몰래 반출되어 1910년 3월에 로스앤젤레스에서 출판됨).
1904.8.9	러일전쟁이 일어나면서 특사로 감옥을 나옴(민영환, 한규설이 그의 사면을 위해 노력).

1904.10.15	남대문의 상동교회 상동청년학원 교장직에 취임했으나 미국으로 가기 위해 곧 사임.
1904.11.4	제물포항에서 미국으로 출국(독립보전에 대한 미국의 지원을 호소하기 위한 고종의 밀사 자격). 일본 고베를 거쳐 호놀룰루에 도착하여 윤병구 목사와 합류.
1904.12.31	샌프란시스코, 로스엔젤레스, 시카고를 거쳐 워싱턴디씨에 도착.
1905.1.15 (30세)	「워싱턴포스트」지에 일본의 한국 침략을 폭로하는 인터뷰.
1905.2	워싱턴디씨의 조지 워싱턴 대학에 2학년 장학생으로 입학.
1905.2.20	한국에 선교사로 왔던 상원의원 휴 딘스모어의 주선으로 존 헤이 국무장관과 30분간 면담. 1882년의 '한미수호조약'의 거중조정 조문에 따라 협조하겠다는 약속을 받아냈으나, 헤이 장관의 죽음으로 허사가 됨.
1905.4.23	워싱턴디씨의 커버넌트 장로교회의 루이스 햄린 목사로부터 세례를 받음.
1905.8.5	뉴욕시 동쪽 오이스터베이의 사가모어힐 〈여름 백악관〉에서 윤병구 목사와 함께 시어도어 루즈벨트 대통령을 잠시 면담하고 한국의 독립보전에 대한 지원을 요청.
1907.6.5 (32세)	조지 워싱턴 대학 콜럼비아 학부 졸업.
1907.6.23	「워싱턴포스트」지에 이승만이 YMCA에서 했던 연설기사가 실림.
1907.7.25	「에드베리 파크」, 「뉴욕모닝포스트」지에도 인터뷰 기사가 실림.
1907.8.1	헤이그 만국평화회의에 참석했다가 연해주로 돌아가는 이상설을 뉴욕에서 만남.
1907.9	하버드 대학 석사과정 입학. 1908년에 수료했으나 안중근의 이등박문 암살 사건과 전명운의 스티븐스 암살 사건으로 친일적인 미국인 교수들로부터 냉대를 받게 됨. 학업을 계속하기 어려워 석사 학위는 1910년 2월에 가서야 받게 됨.
1908.7.10~15 (33세)	콜로라도 주 덴버에서 열린 애국동지대표자대회(The Korean Patriots' Delegation Convention)에서 의장으로 선출됨. 스탠포드대학 총장 데이비드 스타 조단의 개회사. 「덴버 리퍼블리칸」지가 이 대회를 자세히 보도.
1908.9	프린스턴대학 박사과정에 입학하여 정치학과 국제법을 공부. 지도교수인 우드로 윌슨 총장(나중의 대통령) 가족과 친밀한 관계 유지.
1910.7.18 (35세)	프린스턴 대학에서 박사학위를 받음. 그의 학위논문 '미국의 영향을 받은 영세중립론'은 1912년에 프린스턴 대학 출판부에서 출간됨.
1910.9.3	국권을 빼앗긴 조국으로 돌아오기 위해 뉴욕항을 출발.
1910.10.10	귀국(리버풀, 런던, 파리, 베를린, 모스크바, 만주를 거쳐 서울역에 도착, 5년 11개월 6일 만의 귀국).
1910~1912.3.26 (35~37세)	서울 기독청년회(YMCA)의 한국인 총무와 청년학교 학감에 취임하여 교육, 전도 활동. 존 모트의 〈신입학생 인도〉를 번역해 출판. 37일 동안(1911.5.16~6.21)의 전국순회전도 여행 중에 개성에서 윤치호가 세운 한영서원(송도고등학교)에 들러 제2회 전국기독학생 하령회(夏令會)에 참석.
1912.3.26 (37세)	다시 미국으로 망명(1년 5개월의 한국 생활을 마감). '105인 사건'에 뒤이은 체포 위협이 있자, 미네아폴리스에서 열릴 '국제 기독교 감리회 4년 총회'의 한국 평신도 대표로 참석하도록 선교사들이 주선함으로써 체포를 면함.
1912.5.1	일본, 캐나다, 미국의 시애틀을 거쳐 미네아폴리스의 감리교 총회에 참석.
1912.6.19	은사인 우드로 윌슨(당시 민주당 대통령 후보)을 뉴저지의 시거트 별장에서 만나 한국의 독립 지원을 호소(그 후 두 차례 더 만남). 윌슨의 추천서를 가지고 워싱턴 등지를 다니면서 한국의 독립을 호소.
1912.11.28	「워싱턴포스트」지에 인터뷰 기사가 실림.
1913.2.3 (38세)	하와이에 정착. 105인 사건을 폭로하는 「한국교회 핍박」을 출간.
1913.8	하와이 미 감리교회가 운영하는 '한인기숙학교'의 교장직을 맡음. 한국어와 한문을 새로 가르치고 학교 이름도 '한인중앙학원'(韓人中央學院)으로 바꿈.
1913.9.20	월간 「태평양잡지」 창간(나중에 '태평양주보'로 제호를 바꿈).
1914.7.29 (39세)	'한인여자(성경)학원'을 설립.
1915.6 (40세)	하와이 대한인국민회의 재정 문제를 둘러싸고 박용만과 충돌. 박용만은 몇 년 뒤에 중국으로 활동

부록. 이승만 연보

	무대를 옮겼다가 그의 행동을 오해한 한인에 의해 피살됨.
1915.6	'한인중앙학원'을 미국 감리교 선교부로부터 독립시킴.
1917 (42세)	호놀룰루에서 '독립정신'(제2판)과 '청일전기'를 출판.
1917.10.29	뉴욕에서 개최된 25개 약소 민족대표회의에 한국 대표로 참석.
1918.7.29 (43세)	호놀룰루에 '신립교회' 창설.
1918.9.	'한인여자(성경)학원'을 남녀공학인 한인기독학원(The Korean Christian Institute)으로 바꿈.
1918.12.1	정한경, 민찬호와 함께 〈대한인국민회〉의 파리 평화회의 한인대표로 선출됨.
1919.1.6 (44세)	파리 평화회의에 참석하기 위해 미주 본토를 향해 호놀룰루 출발. 로스앤젤레스에서는 안창호를, 필라델피아에서는 서재필, 장택상, 민규식 등을 만나 독립 추진 방략을 논의.
1919.3.3	파리 평화회의에 기대할 것이 없어 보이자, 정한경의 제의에 따라 장차 완전독립을 전제로 한국을 국제연맹의 위임통치 하에 둘 것을 윌슨 대통령에게 청원. 그러나 이것은 급진파 독립운동가들로부터 맹렬히 비난을 받게 됨.
1919.3.5	파리행 여권 발급이 불가능하다는 통보를 미 국무부로부터 받음.
1919.3.10	서재필로부터 국내에서 3.1운동이 일어났다는 소식을 들음.
1919.3.21	노령(러시아령) 임시정부에서 국무경(국무 및 외무총장)으로 추대됨(대통령 손병희, 부통령 박영효). (이승만은 그 사실을 4월 5일에 알게 됨)
1919.4.7	국무경 자격으로 UP통신과 회견.
1919.4.11	상해임시의정원이 이승만을 국무총리에 추대(이승만은 4월 15일에 알게 됨).
1919.4.12	하와이에서 독립선언식 거행.
1919.4.14~16	서재필, 정한경과 함께 필라델피아 시내 소극장에서 한인대표자대회(The First Korean Congress)를 개최하고 인디펜던스홀까지 행진. 대회에는 필라델피아 시장을 비롯한 저명인사들이 참석.
1919.4.23	서울에서 13도 대표들이 국민대회를 열고 한성 임시정부(漢城臨時政府) 수립을 선포하고 이승만을 집정관총재로 추대(이승만은 5월말에 알게 됨).
1919.4.23	워싱턴디씨에 대한공화국(The Republic of Korea) 활동본부 설치.
1919.6.14~27	'대한공화국' 대통령 이름으로 미국, 영국, 프랑스, 이탈리아, 일본의 국가원수들과 파리 평화회의 의장 조르쥬 클레망소에게 한국의 독립선포를 알리는 공문 발송.
1919.6.27	파리에서 외교 활동중인 김규식 대표에게 정부훈령을 보냄.
1919.7.4	국내·외 동포에게 독립을 위한 헌신을 촉구하는 '대통령 선언서' 발표.
1919.7.17	워싱턴디씨에 '대한공화국' 임시공사관 설치.
1919.8.15	호놀룰루에서 대한독립혈전기(大韓獨立血戰記) 발간.
1919.8.16	대한인국민회가 이승만의 집정관 총재 추대 축하식 거행.
1919.8.25	워싱턴디씨에 '구미위원부'를 열고 김규식을 위원장으로 임명함. 9월에 '임시정부 구미위원회'로 이름을 바꿈.
1919.9.1	재정 확보를 위해 김규식과 공동명의로 임시정부 공채(公債) 발행.
1919.9.6	상해 임시정부 의정원에서 '임시대통령'으로 선출.
1919.9.19	필라델피아에서 서재필과 함께 1주일 동안 전체 한인회의를 개최. 필라델피아시장 토마스 스미스, 상원의원 S. D 스펜서 등의 저명인사들이 참석. 그들의 연설문은 「미국의회의사록」에 수록됨.
1919.9.19	이승만의 고문 변호사 프레드 돌프의 한국독립 지지 논설이 「미국의회의사록」에 게재됨.
1919~1920.6	미국 각지를 순회하며 '대한공화국' 지지 호소 강연.
1920.3. (45세)	서재필과 함께 찰스 토마스, 존 쉬로스 미 상원의원으로 하여금 '한국독립승인안'을 미 의회에 상정케 함. 상원 본회의에서 아일랜드 독립지지안과 함께 상정되었으나 34:46으로 부결됨.
1920.11.15	상해 임시정부 임시대통령직에 부임하기 위해 호놀룰루 항에서 비서 임병직과 함께 몰래 화물선에 오름. 일본이 30만 달러의 체포 현상금을 걸었기

1920.12.5	때문에 중국인 시체를 넣은 관 속에 숨어 있었음. 상해에 도착하여 미국인 안식교 선교사 크로푸트 목사 집에서 기거.
1920.12.28	상해 임시정부청사에서 초대대통령 취임식. 5개월간 집무했으나 독립운동가들의 노선 갈등으로 크게 시달림.
1921.5.29 (46세)	워싱턴 군축회의 개최 예정 소식이 들리자, '외교상 긴급과 재정상 절박' 때문에 불가피하게 떠난다는 '고별교서'를 발표하고 상해를 출발.
1921.6.29	호놀룰루 도착. 민찬호 등과 함께 자신을 지지할 대한인동지회(大韓人同志會) 조직.
1921.8.27	워싱턴 군비축소회의(태평양회의)에 참석하기 위해 상해 임정의 전권대사 자격으로 워싱턴디씨에 도착(부대사 서재필, 서기 정한경, 고문 프레드 돌프).
1921.10.10~ 12.1	워싱턴군 축회의 미국 대표단에게 '한국독립청원서' 제출. 대한민국의 승인을 요청하는 법률고문 프레드 돌프의 글 「미국의회의사록」에 수록.
1922.1.25 (47세)	'군축회의에 드리는 한국의 호소' 속편 발표.
1922.3.22	이승만 지지자들이 '대한인국민회 하와이 지방총회'를 '하와이 대한인교민단'으로 이름을 바꿈.
1923.6. (48세)	학생고국방문단(남학생 12명, 여학생 8명)을 2개월간 한국에 파송, 전국 각지를 돌며 야구시합과 공연을 갖고 3,600달러를 모금해 하와이로 돌아옴.
1924.1.~ 10.25 (49세)	미국 본토 방문. 임영신으로부터 관동대진재(關東大震災)때 일본인의 만행 자료를 얻음. 로스앤젤레스에서 파나마운하를 거쳐 워싱턴에 도착.
1924.11.23	'대한인동지회'의 종신총재로 추대됨.
1925.3.~ 4.20 (50세)	상해 임시정부가 오랫동안 자리를 비웠다는 이유로 이승만을 임시대통령에서 면직하고 구미위원부 폐지령을 발표. 그러나 이에 불복해 이승만은 구미위원부를 계속 운영.
1928.4.10 (53세)	구미위원부에서 「재만동포옹호」 팜플렛 발표.
1929~ 1930.1.8 (54세)	미국 본토 전역을 방문하며 대한민국의 독립을 호소. 호놀룰루로 돌아온 후 '태평양잡지'를 '태평양주보'로 이름을 바꾸어 다시 발간하기 시작.
1932.11.10	대한민국임시정부에 의해 국제연맹에 한국독립
(57세)	을 탄원할 전권대사로 임명됨.
1932.12.23 ~1933.1.26	국제연맹 본부가 있는 제네바에 도착(리버풀, 런던, 파리 경유).
1933.1.26 (58세)	프랑스어 일간신문 「주르날 드 제네바」에 인터뷰 기사가 실림.
1933.2.8	독립을 요구하는 공한(公翰)을 국제연맹 회원국 대표들과 기자들에게 배포.
1933.2.16	「국제연맹」 방송시설을 통해 극동분쟁과 한국에 관해 연설.
1933.2.21	제네바의 호텔 드뤼시 식당에서 아내가 될 프란체스카 도너(Francesca Donner) 양을 만남.
1933.2.22	제네바의 프랑스어 신문 「라 트리뷴 도리앙」지에 독립운동 기사가 실림.
1933.2.23	베른의 독일어 신문 「데르·분트」도 활동 상황을 실음.
1933.7.9~ 7.20	소련에게 독립지원을 호소해 보고자 모스크바 기차역에 도착하였으나(비엔나 경유) 즉시 퇴거당함.
1933.8.10~16	프랑스 니스를 출발하여 뉴욕에 도착. 10월에 호놀룰루로 돌아옴.
1934.1.12 (59세)	워싱턴의 「데일리뉴스」지가 이승만의 활동을 보도.
1934.7.22	미 국무부의 정치고문 스탠리 혼벡 박사 면담하고 대한민국의 독립을 호소.
1934.9.16	장기영과 함께 몬태나의 뷰트 방문. 「몬태나 스탠다드」지가 기사 게재.
1934.10.8	뉴욕렉싱턴 가(街)의 호텔 몽클레어에서 프란체스카 도너와 결혼.
1935.1.24 (60세)	부인과 함께 호놀룰루에 도착. 「스타불리틴」지에 만주의 한국인도 독일의 자르 지방인들처럼 민족자결의 원리에 따라 지위가 결정되어야 한다는 호소문이 실림.
1938.4.24 (63세)	호놀룰루시 릴리하 가(街)에 '한인기독교회' 건물 낙성.
1939.3.30 (64세)	제2차 세계대전의 발발 가능성이 보이자 워싱턴 디씨에서 구미위원회 활동을 다시 시작하기 위해 호놀룰루 출발.

1939.8.30	한국인과 중국인이 국제정세에 대해 몽매한 것을 한탄하며 한국의 독립에는 미국의 지원이 절대적으로 필요한 것임을 강조하는 편지를 김구에게 보냄.
1939.12.10	「워싱턴포스트」지와 인터뷰에서 이청천 장군의 독립운동을 알림.
1941.4.20 (66세)	호놀룰루에서 9개 단체가 모인 '재미한족연합위원회'에서 외교위원장으로 임명됨.
1941.6.4	대한민국임시정부로부터 '주미외교위원부' 위원장으로 임명됨.
1941.6.	뉴욕에서 일본의 미국 침공을 경고하는 「일본내막기(Japan Inside Out)」를 출간, 12월에 진주만 기습공격이 일어나자 그 책은 베스트셀러가 됨.
1941.12.9	미국과 일본이 전쟁을 시작하자 미 국무부 정치고문 스탠리 혼벡 박사, 대통령 루즈벨트, 국무장관 코델 헐에게 대한민국 임시정부의 선전포고문과 임시정부 승인 요구 공한(公翰)을 전달함.
1942.1.2 (67세)	미 국무부의 실세인 알저 히스와 면담. 소련의 한반도 점령 의도를 설명하고 미국의 대응책을 제안했다가 나중에 소련 간첩으로 판명된 알저 히스로부터 호되게 모욕을 당함.
1942.1.16	미국인들로 한미협회(The Korean-American Council)을 창설. 미국의회 상원 원목인 프레데릭 해리스(이사장), 전 캐나다 대사 제임스 크롬웰(회장), 언론인 제이 제롬 윌리엄스, 변호사 존 스태거즈가 중심인물. 임시정부 승인과 무기 지원을 목표로 활동.
1942.2.27	미 국무장관 코델 헐에게 자신의 신임장과 임시정부의 공한을 제출.
1942.2.27~ 3.1	워싱턴디씨의 라파옛 호텔에서 한인자유대회(The Korean Liberty Conference) 개최. 이승만이 이끄는 한미협회와 재미한족연합위원회가 공동 주최함.
1942.3.23	미 국무장관 코델 헐에게 임정 승인을 요청.
1942.5.6	이승만 후원조직인 '한미협회' 회장 제임스 크롬웰이 국무장관 코델 헐에게 임정 승인을 촉구.
1942.6.7	미국의 소리(VOA) 초단파 방송망을 통해 고국 동포들의 투쟁을 격려.
1942.9.30	미 육군전략사무처(OSS)의 로센봄 중위, 국무부 차관보실의 로스토우를 만나 중국내 한인 게릴라 부대 조직 문제를 협의.
1942.10.10	미 육군전략사무처(OSS) 프레스톤 굿펠로우 대령에게 항일 게릴라 조직 제의. 한국인 선발요원 50명의 명단을 OSS에 통보.
1942.12.4	12명이 선발되어 군사훈련을 받기 시작.
1942.12.7	루즈벨트 대통령에게 한국인 군사훈련에 대한 지원을 요청하는 서한을 보냄.
1942.12.31 ~ 1943.2.16	미 국무장관 코델 헐이 만나 주지 않자, 만약 미국 정부가 임정을 승인하지 않으면 전후 한반도에 친소 공산정권이 수립될 것임을 편지로 경고.
1943.2.17 (68세)	미 육군장관 헨리 스팀슨에게 편지로 항일 게릴라 조직계획서를 제시.
1943.3.30	미 육군장관에게 하와이 한인동포들을 일본인과 같은 적성국민으로 대하지 말 것을 요구하는 서한을 보냄. 육군장관으로부터 다르게 취급하겠다는 회신을 받음.
1943.5.15	미 대통령 루즈벨트에게 극동에 대한 소련의 야욕을 상기시키고 임정 즉각 승인과 무기 지원을 요청하는 서신 발송.
1943.8.23	제1차 퀘벡 회의에 참석한 루즈벨트 대통령과 처칠 영국 수상에게 전보로 임정 승인과 군사 지원을 요청.
1943.8.	한미협회와는 별도로 기독교인친한회(The Christian Friends of Korea)를 조직. 한국 의료선교사 애비슨, 아메리칸대학 총장 폴 더글러스 등이 중심인물. 임시정부 승인과 무기 지원을 목표로 활동.
1943.12.	이승만을 지지하는 대한인동지회가 재미한족연합위원회에서 탈퇴.
1943.12.19 ~ 12.22	가이 질레트 상원의원으로부터 임정 승인이 불가능하다는 서한을 받자, 몇몇 동지들과 함께 항의 방문.
1944.8.21 (69세)	루즈벨트 대통령에게 편지로 임정 승인을 촉구.
1944.9.11	제2차 퀘벡 회의에 참석한 루즈벨트와 처칠에게 카이로 선언문의 문제점을 지적하고 일본 패망 후 한국의 즉각 독립을 요구하는 전보를 보냄.
1944.10.25	루즈벨트 대통령에게 편지로 임정 승인을 촉구.
1944.11.	미 체신부가 태극기 마크가 그려진 미국 우표 발행.
1945.2.5	미 국무차관 조셉 그루에게 한반도에 공산정권을

(70세)	수립하려는 소련의 야욕을 막는 방법으로 임정의 즉각 승인을 촉구하는 전보를 보냄.
1945.3.8	미 국무장관 에드워드 스테티니우스에게 4월에 열릴 샌프란시스코 유엔 창립총회에 임정 대표를 초청하도록 요구.
1945.3.9	루즈벨트 대통령 부인 엘리노어 여사를 부인 프란체스카 여사와 함께 면담.
1945.5.	유엔 창립총회에 참석하려는 한국인들에게 중국의 외교부장 송자문(쑹쯔윈)이 좌우합작을 주장한 데 대해 맹렬히 반대.
1945.5.14	얄타 회담에서 미국과 영국이 한국을 소련의 지배로 넘겨주기로 비밀협약이 이루어졌다는 주장을 발표함으로써(얄타밀약설) 미 국무부와 충돌.
1945.8.15	해방. 즉각 귀국하려 하였으나 반공주의자 이승만을 기피인물로 여기는 미 국무부의 방해로 2개월 간 지연됨.
1945.10.16	33년만의 귀국(김포 비행장 도착). 조선호텔에 투숙. 다음날 귀국 담화 방송.
1945.10.21	허헌, 이강국 등 좌익들이 이승만을 방문하고 인민공화국 주석 취임을 요청.
1945.10.24	숙소를 돈암장(敦岩莊)으로 옮김.
1945.10.25	조선독립촉성중앙협의회 총재직을 맡음.
1945.10.31	돈암장에서 박헌영과 회담.
• 1946.1.14 (71세)	신탁통치를 찬성하는 공산주의자들을 매국노로 규정하고 결별 선언.
1946.2.8	조선독립촉성중앙협의회와 신탁통치반대국민총동원위원회를 통합한 대한독립촉성국민회(大韓獨立促成國民會) 총재가 됨.
1946.2.25	미 군정청 자문기구인 남조선대한민국대표 민주의원(民主議院) 의장으로 선출됨.
1946.5.11	지방 인사들이 자율정부 수립을 갈망한다고 언명.
1946.6.	하지 장군의 좌우합작위원회 참가 권유를 거부.
1946.6.3	전북 정읍에서 남한 단독정부 수립의 필요성을 역설.
1946.6.29	독립정부 수립의 권리를 쟁취하기 위한 민족통일총본부(民族統一總本部) 결성.
1946.8.14	미 트루먼 대통령에게 카이로 선언의 이행을 촉구하는 전문 발송.
1946.9.10	독립정부 수립 문제를 미소공동위원회로부터 유엔에 넘길 것을 요구하기 위해 임영신을 미국에 파송.
1946.9.12	돈화문 앞에서 공산주의자의 권총 저격을 받음.
1946.10.28	카이로 선언과 포츠담 선언에 위배되는 모스크바 3상회의 결정을 취소하라고 성명.
1946.12.2	독립정부 수립을 UN에 직접 호소하기 위해 동경을 거쳐 미국으로 출발.
1946.12.12	소련이 한국의 통일정부 수립을 허용하지 않을 것이 확실하므로 남한에서만이라도 과도정부 수립이 필요하다고 주장.
• 1947.3.10 (72세)	미 정부 관계자로서는 유일하게 힐드링 국무차관보가 이승만의 독립정부 수립안을 지지하는 발언을 함.
1947.4.1	귀국하기 위해 워싱턴디씨 출발. 출발 전에 미 국무부로부터 귀국 방해를 당함.
1947.4.13	동경을 거쳐 상해에 들러 장개석(蔣介石) 총통과 회견.
1947.4.21	이승만의 귀국을 환영하는 성대한 국민대회 개최.
1947.5.24	우익 59개 단체가 이승만의 신탁통치 반대 입장을 지지.
1947.7.3	좌우합작을 주장하는 하지 중장과의 협조 포기 선언. 가택 연금을 당함.
1947.9.16	독립정부 수립을 위한 수단으로 남한 총선거를 주장. 소련의 진의를 파악하게 된 미국 정부가 이승만의 주장에 동조하기 시작.
1947.9.21	이청천(李靑天)이 단장으로 있는 대동청년단의 총재로 취임.
1947.10.18	독지가들의 모금으로 마련된 이화동의 이화장(梨花莊) 사저에 입주.
1947.11.14	유엔 총회에서 유엔 감시하의 한반도 자유선거 실시를 가결.
• 1948.1.8 (73세)	유엔 한국임시위원단 한국 도착. 이승만은 환영군중대회에서 연설. 위원단 단장 메논(인도)이 북한과의 좌우합작을 요구하는 발언을 시작하자 즉각 대회장을 박차고 퇴장함.
1948.1.23	유엔 한국임시위원단의 북한 입국을 유엔 소련대

	표 그로미코가 거부.	1949.1.9	반민특위의 친일파 처벌에 신중해야한다고 담화.
1948.3.30	선거 연기설을 비난.	1949.2.18	유엔 기구가 북한과 협상하는 데 대해 반대.
1948.4.1	김구와 김규식의 남북협상은 소련의 목적에 동조하는 것이라고 담화.	1949.3.23	필리핀 퀴리노 대통령이 제안한 반공적인 태평양동맹안 지지.
1948.5.10	최초의 자유총선거(5.10선거)에서 지역구인 동대문구에서 당선.	1949.5.20	대일배상요구 관철 주장.
1948.5.31	제헌의회 의장으로 선출됨.	1949.6.9	일본의 어업구역 확대에 반대 성명.
1948.6.16	헌법기초위원회에 참석하여 대통령책임제 의사를 강력히 전달.	1949.7.1	한국에 대한 미국의 추가 원조 요청.
1948.7.20	국회에서 대통령으로 당선됨(186명 출석 가운데 180표 획득).	1949.7.20	반공적인 태평양동맹의 체결 협의를 위해 퀴리노 필리핀 대통령, 장개석 중화민국 총통을 초청.
1948.7.24	대통령 및 부통령 취임식.	1949.8.8	이승만-장개석 진해 회담.
1948.8.11	파리 유엔 총회에서 대한민국 승인운동을 펼칠 한국대표단 파견 (장면, 장기영, 김활란).	1949.10.18	대통령 관저에 폭발물 장치 사건 발생.
		1949.10.28	일본과의 강화조약 체결까지 임시통상협정을 체결할 용의가 있다고 언명.
1948.8.15	대한민국 정부수립 선포식. 파리에서 열릴 유엔총회에서 승인을 받기 위한 총력 외교에 돌입. 그러나 승인 가능성은 매우 불투명.	1949.11.26	남북통일 방안으로 북한 괴뢰정부 해체 후의 총선거를 주장.
1948.8.26	한미상호방위원조 협정 체결.	1949.11.29	귀속재산인 일본인 주택 방매 담화.
1948.9.30	대통령 시정방침 연설.	1949.12.16	군사 원조에 비행기 포함을 미국에 요청.
1948.10.8	미군 철수 연기 요구.	1950.1.24 (75세)	국회의 내각책임제 개헌안 반대.
1948.10.13	40여 명의 친북 소장파 국회의원들이 외국군(미군) 철수 긴급 동의안 제출.	1950.2.16	일본에 있는 맥아더 원수를 방문.
1948.10.19	맥아더 주일 연합군 최고사령관의 초청으로 일본 방문.	1950.3.4	야당이 제출한 내각책임제 개헌안에 대해 개헌 여부는 국민 투표로 결정해야 한다고 선언.
1948.11.6	여수순천반란 사건에 따른 국가위기를 맞아 수습책을 국회에서 발표.	1950.3.10	농지개혁법 공포. 4월 5일에 농지 분배 예정통지서 발송 시작.
1948.11.26	미군 계속 주둔 요청.	1950.6.25	6.25 전쟁 발발, 신성모 국방장관의 낙관적 보고로 관망적 자세를 보임.
1948.12.12	파리 유엔 총회 마지막 날 마지막 시간 간신히 대한민국 승인안이 통과됨. 대한민국의 와해 모면.	1950.6.26	새벽 3시 동경의 맥아더 장군과 전화 통화. 미국의 즉각 지원을 요청한 후 장면 주미대사를 전화로 불러 트루먼 대통령에게 즉각 지원을 요청하도록 지시.
1948.12.18	국회 폐회식에서 이북 도지사 임명 언명.		
1949.1.6 (74세)	민족청년단(단장 이범석)을 해산하여 대한청년단에 통합하도록 지시.	1950.6.27	대통령이 포로가 되어서는 안 된다는 측근들의 권유로 기차로 대구까지 갔으나 서둘렀다는 판단이 들어 대전으로 돌아옴.
1949.1.7	일본에 대한 배상금을 요구할 것이라고 언급.		
1949.1.8	대마도 반환 요구 기자회견.	1950.6.28	이른 아침 대전에서 전시 각료회의 개최.

1950.6.29	수원에서 맥아더 장군과 만나 전쟁 수행에 대해 협의한 후 한강 전선을 함께 시찰.
1950.7.14	전쟁의 원활한 수행을 위해 유엔군 총사령관에게 작전 지휘권 위임.
1950.9.28	유엔과 상의 없이 국군에게 38선 이북 진격을 명령.
1950.10.17	북한에 대한 직접 통치를 선언함으로써 유엔과 대립.
1950.10.30	수복된 평양을 방문하여 환영대회에서 연설.
1951.6.9 (76세)	38선 정전 결사반대 선언. 6월 27일 소련의 정전안 거부.
1951.7.3	한반도 통일이 전쟁 목표임을 분명히 밝히고 트루먼 대통령에게 휴전협상 반대 전문 발송.
1951.9.20	휴전 조건으로 중공군 철수, 북한 무장 해제, 유엔 감시 하의 북한 총선거 요구.
1951.11.19	자유당 창당과 총재직 수락.
1952.1.18 (77세)	일본 어선의 침범을 막기 위한 평화선 선포.
1952.8.5	직선제를 통한 대통령 당선.
1952.12.3	방한한 미국 대통령 당선자 아이젠하워와 회담.
1953.1.6 (78세)	일본에서 요시다 총리와 회담.
1953.1.26	국무회의에서 해양주권선 수호 언명.
1953.4.11	휴전 반대와 함께 국군 단독 북진 성명.
1953.5.8	미 정부에 휴전 거부 통고.
1953.6.3	휴전 전에 한미상호방위조약을 체결해야 한다고 선언.
1953.6.6	미국 원조 없이도 싸우겠다는 정부의 단호한 입장 발표.
1953.6.18	유엔군 포로수용소에서 2만 7천 명의 반공포로 석방.
1953.6.25	로버트슨 미 대통령 특사가 이 대통령 설득을 위해 한국 방문 (7월 11일까지 이 대통령과 14차례 회담).
1953.7.12	한미상호방위조약 체결과 미국의 경제 및 군사 원조 약속을 포함한 한미공동성명 발표.
1953.11.27	대만을 방문하여 장개석 총통과 반공 통일전선 결성 발표.
1954.1. (79세)	독도에 '한국령'이라는 영토 표지석 설치.
1954.2.5	헐 유엔군사령관, 테일러 미 8군사령관 등과 한국군 증강 문제 협의.
1954.2.13	주한미군 2개 사단 철수계획 강력 반대하는 성명.
1954.7.29	미국 방문 시 상하원 합동회의에서 연설. 소련의 침략 야욕을 강조하고 무력만이 대응책이라고 주장, 33번의 열렬한 기립박수를 받음.
1954.7.31	아이젠하워 대통령과 정상회담.
1954.8.2	뉴욕시가 마련한 브로드웨이 영웅행진 카퍼레이드에서 1백여 만 뉴욕시민의 환영을 받음.
1955.6.7 (80세)	기술자 해외파견안 재가.
1955.6.20	일본제품 특혜수입 금지.
1955.7.5	국군 40개 사단 확보의 필요성을 역설. 미국에 대해 대 공산권 유화정책을 비난.
1956.1.14 (81세)	정부기구 축소 조속 실천 시달.
1956.2.5	헌병 총사령부내에 김창용 중장 피살사건 전담 수사본부 설치를 지시.
1956.2.13	일본의 공산국가들에 대한 타협정책에 경고.
1956.2.21	국회 연설에서 판사의 월권행위에 유감 표명.
1956.3.9	전국 각지에서 이 대통령 3선 출마 호소 궐기대회 (자유당, 국민회, 애련, 노동조합 등이 주최).
1956.3.10	외신기자들에게 민의 수용의사 표명함.
1956.3.13	이승만 재출마를 요구하는 대한노총의 정치파업.
1956.3.17	덜레스 미 국무장관의 한국 방문. 이 대통령과 통일방안 협의.

1956.3.25	공보실 통해 재출마 결의 담화.
1956.3.30	학도징집보류 전폐 등 국민 개병의 원칙 표명.
1956.4.12	선거전에 친공적 협상안과 친일적 협상안을 내세워서는 안 된다고 언명.
1956.5.12	휴전협정 조속 폐기 촉구 담화.
1956.5.22	이승만(자유당)의 대통령 당선 공고. 부통령은 장면(민주당).
1956.6.25	6.25 동란은 미국의 오판에서 일어났고 중공군 철수 통일의 선행 조건임을 강조.
1956.7.8	환율 고수 및 공무원 감원 단행 담화.
1956.7.26	휴전협정은 이미 사문화되었음을 강조.
1956.8.15	제3대 대통령에 취임.
1956.8.16	첫 국무회의에서 군비 증강과 경제 부흥 강조.
1956.9.1	미국의 극동정책은 패배주의와 유화주의로 전락했다고 비판.
1956.9.13	유엔 가입을 적극 추진하도록 임병직 대사에게 훈령.
1956.9.17	기자회견에서 야당의 지나친 반정부적 태도를 비난.
1956.9.22	대통령령으로 10월 1일을 국군의 날로 공포.
1956.9.30	한일관계 개선 조건으로 한국에 대한 재산권 청구 철회를 일본에게 요구.
1956.11.4	동해안 시찰 도중 이북동포 구출 태세를 갖추어야 한다고 강조.
1956.11.7	소련에 항거한 헝가리 국민을 돕겠다는 의사 표명.
1957.1.6 (82세)	휴전협정 폐기와 군비 강화 강조.
1957.3.21	82회 탄신기념일을 맞아 우남장학회 발족.
1957.3.23	제주도 송당목장 시찰.
1957.3.26	국회의장 이기붕의 장남 이강석을 양자로 맞음.
1957.3.28	미국과 서방측의 중동문제 치중에 경고.
1957.4.2	유도탄 도입 등을 포함한 군사력 증강 역설.
1957.4.19	김창룡 중장 암살 배후인물인 강문봉 중장에 대한 처벌을 무기징역으로 감형.
1957.4.20	통화 발행 억제와 정부기구 축소 지시.
1957.5.14	공산주의의 위협을 경고.
1957.6.15	로이터 기자회견서 한국군 군비 현대화 재강조.
1957.6.17	서방측이 소련과 군비 축소 타협에 이르는 것은 자살 행위라고 경고.
1957.6.19	UPI 기자와 서면 회견에서 북한의 남침 위험성을 경고.
1957.7.28	휴전 4주년을 맞아 휴전협정은 무효라고 선언.
1957.8.21	미국이 한국군을 감축하려면 현대장비를 지원해야 한다고 주장.
1957.8.22	미국의 오키나 영유가 타당함을 언명.
1957.9.23	공산군의 재 남침 기도에 대하여 경고.
1957.10.21	한국에 대한 미국의 경제원조 삭감에 경고.
1957.12.3	한글 전용을 국무회의에서 지시.
1958.1.1 (83세)	이북동포에게 메시지.
1958.1.21	일본에 대한 경계심을 강조.
1958.2.23	유엔군 철수 불가 성명.
1958.3.8	북한에 납북된 KNA 민간여객기 기체 송환을 요구.
1958.3.28	일본 기시(岸信介) 수상의 한일회담 재개 요망 친서에 동의.
1958.3.31	미국 기자와의 회견에서 인도차이나에 한국군 파견용의 표명.
1958.4.26	멘델레스 터키 수상에 대한민국 1등 건국공로훈장 수여.
1958.5.19	일본 수상의 특사를 면담.
1958.6.29	AP 기자와의 서면회견에서 유엔 감시 하의 북한 선거를 주장.
1958.8.5	외신 기자와의 서면회견에서 국군 감축에 반대하고 장비 현대화를 강조.

1958.8.29	아시아의 집단안전보장체제를 강조. 대만에 유재흥 연참총장을 특사로 파견.
1958.9.13	대만과 중공의 충돌 사태(금문도-마조도 사태)에 대한 미국의 태도를 지지.
1958.10.28	원자력 연구 지시.
1958.11.1	운크라 업적을 찬양하는 서한을 유엔 사무총장에 발송.
1958.11.5	베트남 대통령의 초청으로 베트남 방문.
1958.12.12	CBS 기자에게 UN군 철수 불가, 국가보안법의 필요성을 언명.
1959.1.1 (84세)	북한동포들에게 방송을 통해 위로.
1959.1.5	국가재산의 효율적 운영 지시.
1959.1.26	외신기자와의 면담에서 일본에게 문화재 반환을 요구.
1959.2.19	일본의 재일동포 북송을 추방이라고 비난.
1959.3.1	3.1절 기념식에서 일본에 대항하는 안전보장이 긴요함을 역설.
1959.3.25	남북통일을 위한 미국의 결단 촉구.
1959.3.29	자유진영의 단결을 위해 미국의 강경정책이 필요하다고 미 국민에 호소.
1959.4.15	미국과 소련의 정상회담이 쓸모없음을 강조.
1959.6.8	제5차 아시아민족반공대회 대표들을 환영하는 시민대회에 반공 메시지 전달.
1959.6.24	UPI 기자와의 서면회견에서 북진통일 강조.
1959.6.25	미국 적십자사에 일본의 재일동포 북송 저지를 요청.
1959.9.2	국무회의에서 학원잡부금 근절 지시.
1959.9.10	국제적십자 부위원장에게 북송은 적십자정신에 위배된다고 강조.
1959.10.18	민주당 내분은 창피한 일이라고 비판.
1959.11.11	AP기자와의 서면회견에서 한국을 유도탄기지로 사용하는 아시아동맹의 필요성을 강조.
1959.12.25	군대 안의 부정부패 근절을 지시.
1960.1.27 (85세)	정,부통령 선거일을 농번기를 피해 정하도록 발언.
1960.1.28	건국이후 최초로 사법부 방문.
1960.2.4	공산당보다 일본을 더 경계해야한다고 언명.
1960.2.13	정부통령 입후보자 등록 마감, 대통령 후보에 이승만(자유당)과 조병옥(민주당), 부통령 후보에 이기붕(자유당), 장면(민주당), 김준연(통일당), 임영신(여자국민당).
1960.3.6	기자회견서 연내 참의원 구성 언명.
1960.3.15	선거에서 대통령 4선 확정.
1960.3.28	선거부정에 대한 논란이 커지자 자유당 간부들을 불러 민심 수습 5개 항목을 지시.
1960.4.13	마산 시위 배후에 공산당 개입 혐의 있다고 언명.
1960.4.19	경무대 앞에서 시위 학생들이 경찰의 발포로 많은 사상자를 냄. 육군참모총장 송요찬은 군에게 시위 군중으로부터 경무대를 방어하지 말도록 지시함으로써 군부의 이승만 지지를 거부.
1960.4.21	4.19 유혈사태로 정치적 상황이 험악해지자 전직 각료들을 경무대로 불러 상의.
1960.4.22	변영태와 허정 등을 다시 경무대로 불러 사태수습을 위한 논의.
1960.4.23	시위진압 경찰의 발포에 따른 시민들의 사망에 대해 애도의 뜻을 발표.
1960.4.24	4.19 유혈사태에 책임을 지고 자유당 총재 사임.
1960.4.26	국민이 원한다면 ①대통령직 사임 ②정·부통령 선거 재실시 ③이기붕의 공직 사퇴 ④내각책임제 개헌 등을 약속. 시위대 대표 5명과 면담 후 하야를 약속.
1960.4.27	대통령직 사임서를 국회에 제출.
1960.4.28	이화장으로 은퇴.
1960.5.29	하와이로 출국.
1965.7.19 (90세)	호놀룰루 마우나라니 요양원에서 서거, 호놀룰루 소재 한인기독교회에서 영결예배 후 유해를 미 군용기로 김포공항으로 운구, 7월 27일 정동제일교회에서 영결예배 후 동작동 국립서울현충원(국립묘지)에 안장.

참고자료

1. 도서

- 한국 근현대사 바로 알기 / 김재동 / 복의근원 / 2018
- 하나님의 기적 대한민국 건국 1, 2 / 이호 / 자유인의숲 / 2018
- 독립정신 / 이승만 / 비봉출판사 / 2018
- 한국교회핍박 / 이승만 / 청미디어 / 2008
- 나라 잃은 소년 나라를 세우다 이승만 이야기 / 이지연, 배재희 / 기파랑 / 2019
- 건국 대통령 이승만의 생애 / 안병훈 / 기파랑 / 2015
- 사진과 함께 읽는 대통령 이승만 / 안병훈 / 기파랑 / 2011
- 이승만 대통령에 대한 불편한 진실 / 김현태 / 2018
- 대한민국 건국 전후사 바로알기 / 양동안 / 대추나무 / 2019
- 이승만 평전 / 이주영 / 살림 / 2014
- 프란체스카의 난중일기 / 프란체스카 도너 리 / 기파랑 / 2011
- 이승만 깨기 / 남정욱, 류석춘 / 백년동안 / 2015
- 시간을 달리는 남자 / 권혁철, 김광동, 김용삼 외 / 백년동안 / 2016
- 우남 이승만 한시집 / 박기봉 / 비봉출판사 / 2019
- 이승만의 생애와 건국비전 / 유영익 / 청미디어 / 2019
- 북한 남침 이후 3일간, 이승만 대통령의 행적 / 남정욱 / 살림 / 2015
- 고등학교 한국사 교과서 / 권희영 외 / 교학사 / 2016
- 논설문과 연설문을 통해 본 이승만 박사의 반공정신과 대한민국 건국 / 김현태 / 범아출판 / 2017
- 지금, 천천히 고종을 읽는 이유 / 김용삼 / 백년동안 / 2020
- 1952 부산, 이승만의 전쟁 / 주인식 / 기파랑 / 2018
- '한국근현대사연구' 겨울호 제67집 / 장민영 / 2013
- 국민은 적이 아니다 / 신기철 / 헤르츠나인 / 2014
- 한국전쟁사 제1권 / 전사편찬위원회 / 대한민국 국방부 / 1967

2. 도서 이외의 자료

- 위대한 건국대통령 이승만 #1~10 / 이호 / TNJ TV / 2017
- [연재] 이승만사 / 인보길 / 뉴데일리 / 2016~2017
- 대한민국을 움직인 사람들 '초대 대통령 이승만 1~3부' / KBS 다큐 / 2011
- 인보길의 우남이야기 1~3화 / 뉴데일리TV / 2018
- 이승만 학당 1~9강 / 이영훈, 김학은, 김용삼 / 2017~2018
- PLI 강의맛집 1~2강 / 이정훈 / 엘정책연구원 / 2019
- 제주 4.3 역사특강 / 김재동 / 프리덤칼리지장학회 / 2020
- 자유의 여정 / 김성원 / KAM SCHOOL / 2020
- 이승만기념관 / http://이승만기념관.com/
- 이승만학당 / http://syngmanrhee.kr/
- 대한민국사랑회 / http://www.loverokorea.org/
- 근현대사 특강 / 김용삼 / Charity Baptist Church / 2020
- '한국인의 탄생' / 함재봉 / 법률방송 / 2024
- 6.25 최대의 사기극, 한강 인도교 폭파에 민간인 800명 사망설 / 김덕영 / 최보식의 언론 / 2022
- 세미나 '영화 건국전쟁 속 이승만과 김구' / 류석춘 / 2024
- 美 종군 기자 3인이 전한 "한강 다리 폭파 사건"의 진실 / 송재윤 / 조선일보 / 2024

사진 출처

28 조지로스 '1904 Korea throuth Australian eyes' / 30 서울역사박물관 / 34 국가기록원 / 36 한국기독교역사문화관 / 39 이승만기념관 / 52 '한국에서-1904', 이승만연구원 / 56~57 이승만연구원 / 58 이승만기념관 / 60 이승만연구원 / 61 버튼 홈즈의 여행강의 / 63 이승만연구원 / 64 이승만기념관, 이승만연구원 / 65 이승만기념관 / 66 이승만연구원 / 67 이승만연구원, 김효선 / 70 이승만연구원 / 77 로베타장, 웨인 페터슨 / 79 이승만연구원 / 80 이승만연구원, 인하대총동창회 / 82 www.emersonkent.com / 84 대한인국민회 기념재단 / 85 독립기념관 / 86 이승만연구원 / 87 이승만연구원 / 89 이승만연구원, 러시아 우수리스크 고려인문화센터 / 94 이승만기념관 / 96 이승만기념관 / 98 이승만기념관, 이승만연구원 / 99 이승만연구원 / 100 維基百科, 이승만기념관 / 102 Touchstone Pictures and Jerry Bruckheimer Films가 제작한 영화 '진주만(PearlHarbor)' / 106 히로시마 평화박물관 / 110 NARA미국국립문서기록관리청 / 111 George Silk / 112 국가기록원 / 113 서울신문, 중앙일보 / 114 국사편찬위원회 / 115 서울신문 / 124 이승만연구원 / 126 이승만연구원 / 127 이승만기념관 / 129 정일형·이태영박사기념사업회 / 130 운석장면기념사업회 / 131 국가기록원, 건국대통령이승만박사기념사업회 / 132 뉴욕타임즈 / 134 경기일보 / 135 김재동 / 136 칼 마이던스 / 139 국가기록원 / 142 국가기록원 / 143 프랑스국립극동연구원, 평양조선미술박물관 / 152 워런리, NARA미국국립문서기록관리청, 국가기록원 / 153 아트뱅크 / 159 뉴데일리 / 160 국가기록원, NARA미국국립문서기록관리청 / 162 국가보훈처 / 168 운석장면기념사업회 / 171 자유일보 / 175 조선일보 / 176 국가기록원 / 177 위키백과 / 178 주한미군 / 180 대한민국사랑회, 국가기록원 / 183 NARA미국국립문서기록관리청 / 185 이승만연구원, 국가기록원 / 186 이승만연구원 / 192 이승만연구원, 국가기록원 / 193 판문점트레블센터 / 203 국가기록원 / 205 이승만기념관 / 207 이승만연구원 / 208 이승만기념관 / 213 NARA미국국립문서기록관리청 / 218 국가기록원 / 219 이승만기념관 / 221 국가기록원 / 222 한국전력 / 223 한국수력원자력 공식 블로그 / 226 Sandia National Laboratory / 228 한국원자력산업협회 / 230 국가기록원 / 231 국가기록원 / 234 김현길 / 235 아사히 그래프 / 236 김현길 / 242 국가기록원 / 243 통계청 / 248 국가기록원 / 251 국가기록원 / 252 국가기록원 / 254 이승만기념관 / 258 이승만연구원 / 259 국가기록원 / 260 이승만기념관 / 261 이승만기념관 / 268 이승만기념관 / 269 국가기록원 / 270 국가기록원, 이승만연구원 / 271 국가기록원 / 272~282 이승만기념관

* 이 책에 사용된 사진은 해당 사진을 보유하고 있는 단체와 저작권자의 허락을 받아 게재한 것입니다.
* 사진을 제공해 주시고 게재를 허락해 주신 분들께 감사드립니다.
* 일부 저작권자를 찾지 못한 사진에 대해서는 확인되는 대로 허락을 받고, 출판사 통상 기준에 따라 사용료를 지불하겠습니다.

엄마가 들려주는 이승만 건국 대통령 이야기 개정증보판

초판 1쇄 발행일 2025년 4월 25일
　　 3쇄 발행일 2025년 9월 12일

지은이 정현채
펴낸이 김샛별
자문 및 감수 김효선
정　보 한효관, 배성희, 유승희, 한경진, 이재영
그　림 이주경, 김샛별
편　집 샛별디자인
영　상 이지원(프로덕션 하늘), 임미지
총　판 하늘유통

펴낸곳 도서출판 보담
등　록 제 2020-000009호
주　소 서울시 도봉구 노해로 42길 66
이메일 bodam8291@gmail.com
인스타그램 instagram.com/bodam8291
페이스북 facebook.com/bodam8291
유튜브 https://www.youtube.com/c/도서출판보담

© 도서출판 보담
　이 책의 저작권은 도서출판 보담이 소유합니다.
　파본 및 잘못된 책은 구입처에서 교환해 드립니다.

책　값 뒤표지에 있습니다.
ISBN 979-11-970730-4-5 (03910)

도서출판 보담

'보담'은 '보배를 담다'의 줄임말로, 한자는 보배 보(寶), 말씀 담(談)을 씁니다.
보배로운 말씀 또는 보석같은 말씀이라는 뜻이 되지요.

도서출판 보담은 질그릇 안에 보배로 오신 예수님과 동행하며 보배로운 말씀으로 다음 세대를 깨우고,
예수님만을 기쁘게 해드리는 곳이 되길 원합니다.

고린도후서 4:7
우리가 이 보배를 질그릇에 가졌으니 이는 능력의 심히 큰 것이 하나님께 있고 우리에게 있지 아니함을 알게 하려 함이라